議論して何になるのか

アラン・バディウ＋アラン・フィンケルクロート　的場寿光＋杉浦順子訳

議論して何になるのか

――ナショナル・アイデンティティ、イスラエル、68年5月、コミュニズム

水声社

目次

序章

「決して討議すべきではないのだろう」、フィリップ・ミュレー[1]は、ある時こう断言した。「この上なく独創的な思想というものは手の施しようのない対立として、性向の不調和として突きつけることができるし、またそうでなければならない。論証してはならない。生きたままの状態で切り取られるべきなのだ〔P. Muray, *Moderne contre moderne. Exorcismes spirituels IV*, Les Belles Lettres, Paris, 2005.〕」と。〈歴史の終わり〉と普遍化した相似《シミュラークル》についての優れた作家であり、『完全なる不一致』の著者は、そのことを見抜き、誰よりも見事に言語化している。諸々の意見を乗り越えることは、今日メディアを賑わしている大部分の偽りの討論が目的とするところではまったくない。反対に、意味を蒸発させてしまうことこそがその討論の思いもよらない目的である。それが現実の戦いを巧みに迂回するために戯画《カリカチュアライズ》化され、単なる見せかけでないとすれば、過剰に演じられた敵意を巨大な伝達機械が貪っているのをわれわれは日々目にしている。二〇〇六年に急逝したわれらの親友が、どれほど正しかったかを改めて口にすることをお許しいただきたい。確かに、決して討論すべきではないのだろう。もしそれが行動し、思考することができないことへの都合のよい隠れ蓑として、見せかけだけの戦場を設定することになるのならば。もしそれが互いに理解し合うため、さらに悪いことには、目立とうとするあまり、互いに手を貸し合おうとして、非力なふたつの視点が群れをなすことになるならば、やはり討論すべきではないのだろう。

しかし、ここにいる二人ならば、こうしたことは問題にはなりえまい。バディウとフィンケルクロートは、時代のまさに要諦をなす、根本的に相反するふたつの視点である。このふたつの固有名は、今日フランスで激しく争うことが明確に定められた、知的な両氏族にとっての戦時名として響いている。二〇〇九年一二月二一日号の「ヌーヴェル・オプセルヴァトゥール」誌上に掲載された対談に際して、彼らが初めて向かい合ったとき、両者ともに敵と対面するということの単純な事実ゆえにもっとも熱狂的な仲間たちから激しく批判された。それでも彼らの仲間たちは出版された雑誌を目にするや、すぐさま胸を撫で下ろした。怖れていたハッピー・

エンドが訪れることはない。緊張に満ち、火花散るような、時に激昂しさえもする雰囲気が紙面を貫いていたからだ。それは通常の討論とは明らかに異なるが、その語に含まれる、口語的な、ほとんど具体的な意味での、まさに「口論《エクスプリカスイオン》」であった。

それでも二〇一〇年二月一六日、第二回目の対談が行われた。最初の対談からその時までの読者の反応は、極めて活発で、数え切れないほど増殖した。数十ものサイトやブログがネット上にその反響を記し、数千の熱のこもったコメントが交わされた。リーニュ社はすぐさまそのテクストに、それに続く一連の議論を付して出版する意図があるとわれわれに伝えてきた。こうして行われた新たな対談は最初のものとは異なっていた。いくぶん不自然な、神経症的な痙攣は鎮まっている。扱われたテーマはイスラエルからはじまり、六八年五月、共産主義思想の相対的な再興などであるが、しかしながら軽さはまったくない。カラン・ドーシュというイラスト画家が「フィガロ」紙上で描いた、「彼らはそのことを口にしてしまった」との文句が付されたドレフュス事件に関するもっとも激烈で、もっとも人口に膾炙したある一家の夕食の場面の大混乱(2)が再び演じられることを、当然ながら期待することもできただろう。だが実際にはそういうことは起こらなかった。しかしこれ以降、そこには互いへ真の関心があった。そして時に激しさを増す議論のじつに緊迫したやり取りの合間に、ユーモアが差し挟まれた。

討論は午後、一時間半の予定だったが、まるまる四時間に伸びた。冬の太陽はすでにブルス広場に影を落としていたが、しかし日が暮れてもなお互いに問いを投げかけ、立ち上がり、難癖を付けあう討論者たち。ユゴーの『諸世紀の伝説』(3)の口調を真似れば、ずっと前から彼らの馬はもう死んでいるというのに。攻撃、それも時に途方もなく乱暴な攻撃が向けられることもあり、反撃もあれば、手がさしのべられることさえあった。が、もちろん最終的な合意を交わす議定書を作成するには至らなかった。しかし、そもそもそんなものがどれほど必要だというのか。この二度目の対談では、予期しない一致や乗り越えがたい衝突を孕みながらも、政治参加《アンガジュマン》の内実にまで深く踏み込んでいった。

当然のことながら、ここにいる二人のいずれも、合意や中庸への希望を抱くことや、ましてや中庸において、妥協に傾くことは考えられない。それこそ、彼らを近づけるほんのわずかな一致点であると同時に、他の人々から今日彼らを際立たせているものだ。それは彼らが虚飾なしに口にせねばならない真実であると見なすものと向き合ったときの、同じ公正さである。そしてまた二〇〇〇年代半ばに巻き起こり、時に彼ら自身も激しくやり玉に挙げられた、いくつかの大々的な知的問題という試練によって鍛えられ、証立てられた勇敢さである。いかなる対価を払おうとも、自分の論点を断固維持すること、とアラン・バディウなら言うであろう。保守の叱責に怖じ気づかないこと、とアラン・フィンケルクロートなら応じるはずだ。そして二人とも対峙すべき敵の本質について、緩みない議論を闘わせるだろう。

しかしここで、あらためてこう問うてみるべきではないのか。議論をして何になるのというのか、と。もし対話が、まったく相対する二人の自閉症的な呟きを平行線上で繰り広げるようならば、しかもそれがメディアに仕立てられた喜劇の中で、彼らの絶望的なまでの対称性と誰の目にも明らかな共犯関係に気付かないふりをして行われるのであれば、対話など決してすべきではなかっただろう。しかし、ここではそのようなことは当てはまらない。それを証明することが本書の特筆すべき点なのである。アラン・フィンケルクロートがまったく型通りの新保守主義者でないのと同様、アラン・バディウもまた典型的な進歩主義者ではない。もしそうであれば、捨て身戦術を信奉する人々にはじつにわかりやすかったであろう。もしそうであれば是が非でも敵対関係を放棄しない人たちにしてみれば（そういう人たちは結構いるものだ）、じつに心地がよかっただろう、それなら自分たちの偏見をただひとつでも放棄することなく、また知的な怠惰から抜け出さなくていいのだから。

『サルコジとは誰か？』(4)によるよく知られた反響により、二〇〇七年の大統領選挙以来、アラン・バディウは強情な急進派、傷跡はあるものの悪魔のように執拗な毛沢東主義者、激高した親パレスチナの活動家という主要な役回りを割り当てられたが、それで近寄りがたい作品に触れることができたと思い込むのは、近道でもあれば、歪曲でもある。一九八〇年代末の『存在と出来事』[5]出版以来、世界的な名声を博し、研究対象となった長きに渡る哲学的業績は言うに及ばず、社会参加に取り組んだ最近の著作に目を通してみれば、彼が繊細かつ複雑な複数の立場にあることは容易に納得させられるだろう。ベルリンの壁崩壊後に生まれた無邪気かつ有害な過激主義者の末子としてのアラン・バディウの肖像が、単一なるものと多様性の哲学者バディウ、アテネからロサンゼルスにいたる大規模な国際シンポジウムのテーマに掲げられる哲学者バディウの肖像を隠蔽しているのはフランスにおいてだけだ。

アラン・フィンケルクロートもまた粗雑に戯画化されながらも、フランス的風土のなかで、真の特異性をなしている。二〇〇五年にフランス郊外で生じた混乱[6]の際の立ち位置に関して、過去に少なくとも一度、彼と激しくぶつかったことがあるだけに、進んでそのことは認めよう。均一化し支配的な民主主義への倦むことのない激烈な糾弾者であり、歯止めの利かない拡張に脅かされているとして共和国公立学校の擁護者として振る舞う『思考の敗北』[7]の著者は、〈彼についての〉根強い伝説に反して、「ヌーヴォー・フィロゾフ」と呼ばれるメディア発信を主体とする連合《カルテル》には決して加わりはしなかった。そのひとりであり、彼らと反マルクス主義を完全に共有するベルナール＝アンリ・レヴィとともに、レヴィナス研究学院[8]の共同設立者でもあるアラン・フィンケルクロートは、当時からそうした活動の大掛かりなマーケティングの次元とは明確に距離を保っていた。また彼の経歴のなかで、二一世紀の転換期を画したアメリカのいくつかの戦争に与した形跡も見られない。消滅の途上にある永遠なるフランスに向けられたペギー的な彼の擁護は、ルノー・カミュ[9]のような容赦なく晒し者にされた作家に向けられた型外れの、とりわけ孤独な援護に言及するまでもなく、彼が何よりも熱烈な擁護を当てにしていたフランスの新保守層のなかでも異論を呼ぶ人物へと彼を仕立て上げたといっても言い過ぎではないだろう。

以上のような視覚の補正が行われたにしても、二人の登場人物の対立の深さには、依然として相当なものがあり、対談に際して越えなければならなかった隔たりは計り知れない。アラン・バディウの思考がフランスで引き起こした大反響に註釈を加えながら、アラン・フィンケルクロートはあるとき、不安を抱きつつ、次のように素描してみせた。「もっとも暴力的であり、「ラディカルへの回帰と反全体主義の崩壊の徴候」であると。このような問題提起に対して、スロヴェニアの哲学者スラヴォイ・ジジェクは、彼の親愛なる同志が、『存在と出来事』に続く『諸世界の論理』を二〇〇七年五月に上梓した折に、「リベラシオン」紙上で力強い概念的な返答を行っている。「典型的なプラトン的手法を用いて彼自身が述べているように、真の思想は永遠不滅である。その死を宣告してみるがよい、それはいつでも回帰して来るから」[10]。

確認しておかなければならないが、ここ数年、アラン・バディウは、彼によれば政治やメディアに深刻な影響をもたらしている、強力な知的潮流を絶えず槍玉に挙げており、フランスにおいてもっともその潮流を顕著に体現する人物として、アラン・フィンケルクロートやジャン゠クロード・ミルネール[11]の名をあげている。かつての毛沢東主義者の流れを汲むこの潮流を、アラン・バディウは広範囲にわたる保守反革命の運動として繰り返し描いている。これはとりわけ、六八年五月に対する拒絶反応と、イスラムの脅威とその進歩主義的な共犯者と目される一九七〇年代の第三世界主義[12]の後継者たちによって脅威にさらされているキリスト教的、ユダヤ教的「西洋」の擁護によって活発さを増した。そうした支配的な潮流は、スターリンによる犯罪や二〇世紀の同種の犯罪を絶えず喚起し、来たるべき政治的解放へのあらゆる試みの価値を失墜させ、静かに武器を右派へと引き渡した。バディウが「胸の悪くなるような不意の到来であり、フランスの政治的生命が象徴的に構造化してきたものを攻撃する一撃」と評した二〇〇七年のニコラ・サルコジの選挙は、彼によれば、その論理的帰結であるとともに、その見事な開花であった。

戦場は二人の人物の間ではそれほど「深刻」ではなかったが、おそらく、そこにさらに重くのしかかる訴訟を付け加える必要がある。それを担うのはユダヤ的存在、聖パウロとイスラエルの問題であろう。二〇〇五年にアラン・バディウがリーニュ社から二〇年も過去のものも含めた論考を『情勢3 「ユダヤ」という言葉の射程』[13]という表題で出版したとき、彼は極端なまでに厳しい反対キャンペーンに直面しなければならなかった。当初、雑誌『レ・タン・モデルヌ』に端を発したこのキャンペーン（確かに、この雑誌の編集者クロード・ランズマン[14]はバディウの書物のセシル・ウィンター[15]の署名がなされた補遺のなかで非難されていた）は、悪意ある活動家たちによってやむことなく広まり、彼は極左の反ユダヤ主義だという烙印を押された。しかしながら、その書物の冒頭から、アラン・バディウは、中近東における紛争とそれがフランスで暮らす少数派のイスラム教徒に確かな衝撃を与え、そこから新たな反ユダヤ主義が出現したことについて、稀に見る決然とした口調で自らの意見を披瀝している。「その〔反ユダヤ主義の〕存在は疑いようもなく、ある人々のパレスチナ人への支援の名の下にそれを否定しようとする熱意は有害なものである[16]」と明言している。しかしある思想家を抹殺しようと望む時に、その人の著作を読むことを気にして何になるというのか。

アラン・フィンケルクロートはもちろんこうした周到な私刑に加わることは決してなかった。この問題に関しては、彼らの間には根本的な立場の不一致があるものの、それでも実際には、本書で分かるように、バディウに向けられた哲学的、反ユダヤ主義的な問いよりは、国民《ナシオン》に関するかなり古典的な問いが対象とされている。バディウがずっと以前から断言しているように、ユダヤの民の運命的な特異性とは、普遍的なものへの厳命である。国家的な帰属を乗り越えることへの、歴史的にも精神的にも先駆的な呼びかけである。この意味において、「われらが歴史の聖なる名」であると彼は記している。それは、当然ながらアラン・フィンケルクロートが異議を唱える包括的視点であり、彼の方では、「ユダヤの民が持つ」普遍的次元と同一性による定住との十全な両立を要求し、ユダヤの民がそうであったように、〈歴史〉を通して虐待された民族であるがゆえに、なおさら乗り越えがたいものとしての、また庇護するものとしての国民国家モデルを放棄することを拒絶するのだ。

ある種の見方からすれば、このユダヤ主義の政治的射程に関する不一致は、ジャン・ダニエルとクロード・ペルドゥリエルによって「ヌーヴェル・オプセルヴァトゥール」誌に掲載された、ジャン＝ポール・サルトルが最晩年にベニー・レヴィと交わした対話に、潜在的ではあるが、すでに現れていた(17)。ユダヤに関するテクストに対してサルトルが望んだ使用法は——

これらのテクストは、かつての〈プロレタリア左翼〉の指導者〔＝サルトル〕の前に、それらが持つ全ての魅力を顕わにした所だった――、普遍的な使命を持つメシア信仰の地平のもとに、「仰向けになった大きな死体」と化していた左翼の再建に用いることであった。逆に、当時三五歳のベニー・レヴィは、トーラーの研究[18]、レヴィナス読解、そしてより一般に「ユダヤの名」を支えに、つねにより広範な広がりを見せていたフランス知識人層の一派の反進歩主義的転覆を行おうとしていたが、当時、サルトルはすでに十分それに気付いていたのではないか。サルトルとレヴィナス、この二人はアラン・バディウとアラン・フィンケルクロートの思想形成において、ふたつの主要な参照軸をなしている。このふたつの固有名は、まだいまだに、滅多に遭遇することのないふたつの戦地を集結させる名として、そこに響いている。

本書が照らし出す視点は、バディウとフィンケルクロートの仲間たちがしばしば互いに対して構築してきた激しい敵対関係を和らげるのに貢献するだろうか。嫌悪感をいくらか鎮めるには、そうした誤解を取り除きさえすればよいと信じるのは無邪気過ぎるかもしれないが、当然そう期待せずにはいられない。二〇一〇年のフランスにおいて、敵対する論証でも、公の場で双方を確実に照らし出してやれば、互いの意識を落ち着かせ、永続する平和を打ち立てるには十分だというような、《哲学者たち》*Aufklärer* の理想に慰められることはない。ではプルードンが言ったように、「さあ戦争へ敬礼!」とでも言えばいいのだろうか。実際のところ、世界を支配する法に影響力を行使することを諦めつつあるようなフランス的思考を、それによって目覚めさせうるというなら、闘いを怖れるいかなる理由もない。再び敵意が現れるならば、その時は親愛の情を込めて共有された言葉の記憶が、互いにとって無益な負傷を免れさせてくれることを、ただ望むことにしよう。

オード・ランスラン

第一章　ナショナル・アイデンティティと諸国民について

オード・ランスラン（以下ランスラン）　およそ選挙のために、国内では「ナショナル・アイデンティティ」についての議論が提起されています。[1] 予想された通り論争は急速に激しさを増していますが、それとどう向き合うべきでしょうか。

アラン・フィンケルクロート（以下フィンケルクロート）　論争が時宜に適ったものかどうかはわかりませんが、そうした懸念は正当なものです。一八八二年の有名な講演のなかで、ルナンは国民とあらゆる人種的な定義を切り離すことからはじめています。[2]「人間の歴史は動物学とは異なる」と述べ、国民を精神原理、つまりふたつの要素からなる魂――この語を怖れてはいけません――として定義しています。ひとつは豊富な記憶の遺産、つまり共有されるべき栄光と悔恨の遺産、もうひとつは現在の合意、つまり共同の生を継続する欲望です。ところが今日ではフランスは遺産と合意の二重の危機が演じられる劇場と化しています。フランスに対する憎悪が、フランスの新たな住民たちの無視しがたい一分派のなかで、今日的議題となっているのです。現実とかけ離れたところで暮らしているのでなければ、この過激なフランス嫌いを国家による人種差別や外国人への公然たる非難に対する応答と見なすのは難しいでしょう。記憶の遺産に関して言えば、ここ四〇年来ひたすら学校で浪費されてきました。今日では、ますます多くのフランス人が、そこにはエリートも含まれますが、みずからの言語や文学、歴史、風景に無関心になっています。おそらくフランス文明が消滅しつつあるがゆえに、ナショナル・アイデンティティという問いに多くの人が関心を寄せているのであって、誰も選挙操作などに欺かれているわけではありません。政府を批判しうるとすれば、それはナショナル・アイデンティティに関与していることではなく、論争させていることです。私にしてみれば、遺産を継承する真の政策を立案する方が好ましく思えます。

ランスラン　しかしながらサルコジ政府の行動は、多くの場合、継承をめぐるこうした議論とは正反対に進んでいます。たとえば理系の最終学年の授業から歴史教育を排除しようとするといったように……。

フィンケルクロート　それは矛盾です。リシャール・デコワンとマルク・ブロックのいずれかを選択しなければなりません。[3] しかしこの方向での学校再建（文化の再中心化と必要性の復活）は中高生、教員組合、ＰＴＡたちを〔反対運動をするために〕路上に駆り立てることになるでしょう。すべての人のための無教養こそ民主主義が獲得したものですから、そこに立ち戻ることは難しいでしょう。

アラン・バディウ（以下バディウ）　政府が主導する「フランスのアイデンティティ」についての議論は、「誰が善良なフランス人であって、誰がそうでないのか」についての行政的な基準を模索するものでしかありえません。ペタン政府の生真面目な法学者はこの意味で十分な働きを見せたものです！　彼らはまったく平穏な科学によって、ユダヤ人やその他の外国人が善良なフランス人でないことを示したのですから。したがってサルコジ＝ベッソンの提唱[4]は不安を抱かせうるし、またそうでなければなりません。国家がアイデンティティの正当性を懸念しはじめるとき、われわれはもっとも邪な反動の中にいるのだということは、歴史的経験が示すとおりです。この提唱は、日々明らかなことですが、単に愚かで首尾一貫していないだけでなく、私がサルコジ政権の「超越論的ペタン主義[5]」と呼ぶものにもすでに書き込まれているのです。アイデンティティへの配慮が政策、国家権力に注入されるやいなや、われわれはまさにネオ＝ファシズムと呼ぶべき論理の中にいることになるのです。というのも人民のアイデンティティを定義しようとすれば、現代社会のあらゆる人民は混成的、異質かつ多様であるがゆえに、このアイデンティティの唯一の現実は否定的なものにならざるをえないということに行き当るからです。「フランス文明」とは何か、それが何を指すのか私には判然としませんが、その存在を同定するには至らずに、そこに属さない人々を明確に指し示すことになるだけでしょう。わが国には、しばしば、もう数十年来ここにいて、われわれの道路や橋、家を建設し、悲惨な状況で暮らしている数百万の人々がいますが、彼らはわずかばかりの賃金を得るためにこれらすべてを行ってきたのです。そして政府の方はこの三〇年というもの、彼らを迫害する法律で苦しめ、追い出し、無法地帯に閉じ込め、管理し、この地で家族と暮らすことを妨げてきました。ところがこうした人々こそ、真のフランス人ではないと名指される人々であることは自明です。このような政治的視点はまったく嫌悪感を催させますが、ここでは言葉を慎みましょう。他方で、私は、アラン・フィンケルクロートが用いた分類が、保守反動のあまりに伝統的なものであることに驚かされました。過去の遺産と合意、これこそまさに完全な受動的分類法であり、その唯一の論理的帰結は命令法の「家族、祖国[6]」です。それこそまさに反動的で保守的なフランスのアイデンティティの肖像です。フランスの遺産がフランス革命、コミューン、一八世紀の普遍主義、レジスタンス運動あるいは六八年五月に関するものであれば、容認してもいいでしょう。しかし王政復古、ヴェルサイユ体制、植民地的あるいは人種差別的学説、ペタンあるいはサルコジに関するものであれば、きっぱりと放棄します。「ひとつの」フランスの遺産が存在するのではありません。最低限の普遍主義的観点から相続すべき遺産と断固として拒絶すべきものとのあいだには、本質的な分裂があるのです。後者が拒絶されるのは、フランスにおいて、所有者階級の度を超した獰猛さや、官僚、政治家、軍隊と、メディア従事者の寡頭政治による「ナショナル・アイデンティティ」モチーフの独占へと立ち返らせるからです。他人はいつも、とりわけアラン・フィンケルクロートは、他者、あるいは彼が言うところの「全体主義者」たちの手を汚す血について語ります。しかし「ナショナル・アイデンティティ」はそのような流血に関する最良の例を提供してくれています。一九一四年から一八年〔第一次世界大戦をさす〕のような、完全に分別を欠いた、残忍な殺戮の現場は滅多にお目にかかれるものではありません。ところがその殺戮はナショナル・アイデンティティに基づいて厳密に組織されており、それが人々を意のままに操っていたのです。分断されない記憶や遺伝的、血縁的合意に訴えるナショナル・アイデンティティは、伝統という疲弊したカテゴリーへの回帰にほかならず、国内においては「悪いフランス人」への、国外においては「他者」への闘争を準備することにしかなりません。世論の対立は、いま、惨憺たるふたつの方向のはざまにあります。ひとつは商業的合意とグローバルな商業化、もうひとつはアイデンティティの痙攣であり、それはグローバリズムに対する反動的な障壁をなすものでありながら、まったく役に立っていません。

フィンケルクロート　このアイデンティティという言葉から人種的、決定論的思考を抱くことも、それを固定した生物学的に伝達可能な性質とみなしうることも事実どちらもありえますが、しかしこうした考えに抗して、共和国大統領はシャペル＝アン＝ヴェルコールでの演説[7]を行っています。彼が述べたのは、論争はあるが、人種は議論の埒外だということです。「われわれはフランス人である、なぜなら自分たちをひとつの人種として認識しないからであり、ひとつの起源、さらにはひとつの宗教に閉じこめられることはないからだ」。アイデンティティを擁護しようとするあからさまな欲望と遺産を放棄する政策のあいだの矛盾を指摘することは正当であり、必要でさえあります。しかしなぜ聞こえないふりをするのでしょうか。なぜここまであからさまに反人種差別的な演説を人種差別的と告発するのでしょう。それは、支配的な反人種差別主義者や反ファシスト主義者の目にいかように定義されようとも、アイデンティティ自体が、アラン・バディウの言葉を借りれば、「吐き気を催させ」、「嫌悪感を抱かせる」からです。したがってわれわれに課された務めは、アイデンティティにまつわるあらゆる述語を解除することです。奪回といってもいいでしょう。われわれ自身であるためには、つまりわれわれの普遍的な性向に忠実であるためには、われわれに固有な記号を消去しなければならないのでしょう。いかなる人も排除しないために、みずからを空虚にし、われわれのあらゆる一貫性をはぎ取り、最終的には解放という行為そのものでなければならないのでしょう。

ランスラン　選挙活動中の政党党首である、共和国大統領の発言でもありますが、明らかに疑惑が指摘される討論という現実もあります。あなたはご存知でしょうか、どちらが……。

フィンケルクロート　それはケストラーが共産主義者たちについて述べたように、「見るためには目を［もち］、見ているものを取り除くには、主体性のない精神を」[8]もつことであり、たとえばそれは、フランス対アルジェリアの試合でブーイングが起こった八年後に、アルジェリアのエジプトへの勝利を祝う集会を存在しないものと見なすことです[9]。いずれにせよ、家族の再統合は一九七四年にはじめられたはずです。私を大いに困惑させるのは、この誇張表現においては、マルク・ブロックとペタン、ペギーとドリュモン[10]、ベルナノスとブラジヤック[11]、ド・ゴールによる国民とヒトラーによる国民《フォルク》のあいだに、もはや違いを認めないということなのです。レジスタンスの大半がみずからのレジスタンス活動を正当化するために国民の共有の遺産を拠り所としていましたし、シモーヌ・ヴェイユ〔一九〇九―一九四三〕は何と語っていたでしょうか。彼女によれば、いかなる忠実さによっても、何ものにも繋ぎ止めることができない国民ほどおぞましい光景は存在しないのです。

ランスラン　何に対する忠実さでしょうか？

フィンケルクロート　ランスの戴冠式や連盟祭、「単一にして不可分の共和国、我等が王国フランス[12]」への忠実さです。

バディウ　その通りです。その通りですが、しかし用心しなければなりません。この国には、ほかの多くのものに忠実な人が実に大勢いるのです。まず遺産という形での祖国の継承に忠実な人であり、それは大昔から存在しています。彼らは人民の力が損なわれていた〈歴史〉の流れに忠実なのです。彼らは、レジスタンス運動それ自体のなかで、共産主義の軍事力が、彼らが望もうが望むまいが、明らかに決定的な性格を持っていたことは故意に伏せていました。「遺産」や「忠実さ」は、個別に捉えても何の意味も持ちません。誰の遺産で、何に対する忠実さなのでしょうか。あなたは実際に想定していますが、それはあなたの思考過程が完全に同語反復であり、アイデンティティの問題はすでに解決済みだからです。あなたが忠実でなければならないと訴えているのは、統一されてはいるものの、実在しないこのアイデンティティに対してなのです。私が肩入れするのは、革命的なフランスへの、範列的な普遍性へのあたう限り模範的な忠実さなのです。また世界のどこでも、ある人が孤児を引き取り、養育するならば、それによってその人はフランス国籍を獲得するだろうと記されている一七九三年の憲法への忠実さなのです。こうした普遍的な方法で、直接的に継承されるアイデンティティこそ、私が望むものなのです。しかしアイデンティティに関わる形象を国家概念へと包摂することが進歩的だと見なしうるような例を、いかなる意味においても私は知りません。レジスタンスへの参加の問題は、あなたもよくご存知のように、国土解放の問題を遥かに越えているし、「アイデンティティ」とはまったく関係がありません。フランスにおけるもっとも活動的なレジスタンスの武装集団はヨーロッパじゅうからやって来た共産主義者たちによって構成されていました。が、ペタンはそれを、フランスのアイデンティティの名の下に、裏切り行為の罪で告発しました。あまりにもひどいことです！　アラゴンが「わたしの〈党〉はわたしに／フランスの色を返してくれた(13)」と書いているとき、ふたつの面が強調されねばなりません。おそらくフランスでもありますが、しかし彼にとっては国際的、共産主義的視点を示す政党なのです。

フィンケルクロート　目録を作成しなければならないとすれば、共産主義のものものもはじめなければなりませんね……。フランス文明を永続させようという欲望を傷つけ、激しく破壊するには、ワールド・ミュージック、ワールド・キュイジーヌ、地球文明、グローバル村へとわれわれを導いている現在の過程に加担すれば十分でしょう。それは、われわれを運んでいるこの過程への降伏をサルコジへの「抵抗」と表現するよりも、少し先に進むことです。

ランスラン　しかしサルコジ主義自身が、この過程に加わっているのではないですか。

フィンケルクロート　その点こそまさに私が彼を批判しているのです。

バディウ　みずからの哲学的、政治的カテゴリーのために、そうした問題について、あなたは極度に狭量な考えに囚われてしまっています。あなたは一方でグローバルな商業主義への同意、地球村へとすべてが融合すること、他方でそれに対するひとつの、そして唯一の支えであるアイデンティティの理論のはざまに囚われているのです。あたかもマルクスが一八四八年に唯一の二者択一はグローバル資本主義かフランス・ナショナリズムかであろうと述べたときのようです。しかし当のマルクスは、一世紀半も前であるにも関わらず、いずれにも還元しえない政治的インターナショナリズムの形態を定義しています。ですが、それはわれわれの今日の問題なのです。世界的な商業主義の巨大な力に対して非現実的な抵抗を組織するために、伝統から引き出して、再建しなければならないと信じている「アイデンティティ」と称するものにガチガチにしがみついていることが、われわれの今日の問題ではありません。問題は資本やその「民主主義的な」慣用語法の至上権でも、われわれの「アイデンティティ」を切り崩すと見なされる内なる敵を狂信的に作り上げることでもなく、別の道を見出すことです。そのように構築された伝統、純然たるナショナリズムに乗って一九世紀に加えられるのを拒んだ唯一の伝統、つまり革命的インターナショナリズムの伝統と、われわれは背中合わせでいるのです。それが唯一のものです。それゆえ、それがいたるところで、とりわけフランスにおいて、アイデンティティによるファシズムに抵抗する強固な核となったのです。

ランスラン　やはりあなたは、アラン・バディウがあなたについておっしゃったように、視点はかなり異なるにせよ、アイデンティティを召喚することが、あなたも告発しているこの商業的グローバルな単一化に抵抗するための、唯一の手段であるとお考えになりますか。

フィンケルクロート　物事が失われてしまうのは遺憾ですが、失われる危機に瀕しているのはフランス文明だけではありません。私はまた土地の荒廃や醜さの進行、注意力の崩壊、静寂の消滅、あらゆるものを液状化させてしまう技術の時代への突入に敏感でいます。そしてまさにこの災厄と向き合うためには、われわれは解放の政治学では満足しえないでしょう。責任の政治学もまた必要なのです。アラン・バディウが政治について抱く思想で、私が困惑するのは、無償性や忠実さのために、またハンナ・アレントが世界愛と呼んだもののためには、いかなる場所もないということです。これこそ私が立脚する哲学的実存的地平であり、さらにより一般的にいえば、支配への批判が危機的なまでに貧しいことに衝撃すら覚えます。

ランスラン　何を想定していらっしゃるんでしょうか。正確にはどのような傾向、どのような思想を考えているのでしょうか。

フィンケルクロート　すべてです。世界を支配階級と被支配階級に分割する図式です。その図式はあまりにも見事に定着してしまったので、欧州裁判所の決定がイタリアの学校に十字架を引きはがすよう要求したときにも、誰も抗議しませんでした。一方で、今後ミナレットを建設しないというスイスの決定は、メディアからほぼ全会一致で恥ずべきものとこき下ろされています。今日では十字架は効力を失っているのに（イタリアの公立学校は政教分離です）、支配階級の紋章と見なされています。一方でミナレットには圧制に苦しめられた人々への賛同の徴、地上での劫罪に囚われた人の旗を見出しているのです。われわれは常にこの大きな対立に立ち返らせられます。

バディウ　私の信念はこうです、そのような問いは無意味である。これらの問いに関しては、私は厳格なニーチェ主義者です。神は死んでいる、それもずいぶん前からです。したがって文明や宗教といわれる現象と向き合う時は、それらがその見かけの性質とは異なるものを隠蔽しているという考えから出発しなければなりません。その背後に本当は何が隠されているのか。深遠な宗教的思索者の新たな神秘的形態や、革新的な神学などは見えてきません。こうしたものは何も見えないのです。目にするのは組織的な扇動者、匿名の襲撃、完全にステレオタイプ化された慣用語法だけです。ではこのイスラム原理主義という慣用語法の背後に隠されている政治的形態とはいかなるものでしょうか。いずれにせよ、アイデンティティにこだわる者にとっては、その政治形態はイスラム原理主義になってしまうのです。あなたはそうしたやり方を真似て、「西洋文明」の、あるいは野蛮人たちに包囲され、脅かされている「フランスのアイデンティティ」の、ほとんど勝ち目のない擁護をイスラム原理主義に対立させようとしているのです……。

フィンケルクロート　そんなことはありませんよ!

バディウ　いやそうです、そうなんです……。あなたが語るアイデンティティ論の帰結から逃れないで下さい! 若者がアルジェリアのために叫び声を上げているのを目にする、と、あなたの考えでは、彼らは反フランス的な野蛮人です。しかし私に言わせれば、彼らは、五〇年前、レーシング・ド・パリのサポーターたちに向かって叫び声を上げていたランド地方のティロスのラグビー・クラブのサポーター以上に野蛮ではありません。それはアイデンティティの衝突という、実に哀れむべき想像の産物であり、スポーツは、そのよく知られたはけ口にされているのです。最近の移民集団がいまでも自分たちの過去と連帯を感じているとしても、それは当然のことです。すでに一九世紀に、パリの労働者たちが、一八四八年六月に追い払われ虐殺される以前に、文盲のオーヴェルニュ出身者だということで非難されましたが、そうしたことすべては目新しいことではありません。私が子どものころ、トゥールーズでは、人々はうすら笑いを浮かべながら、スペイン市民戦争の避難民は燃料の石炭を浴槽の中に入れると話していました。あなたが同じことをしているのを目の当たりにするとは驚くべきことです！　世界の総プロレタリア化はわれわれの大陸を越えて広がっている、それこそが唯一新しい現象です。オーヴェルニュ人の後には、イタリア人やポーランド人が、次いでスリランカ人、マリ人〔労働者〕がいます。「フランスの」思想の問題の所在はそこだと思いますか。われわれのあいだで、世界は今日いたるところで、非常に限られた投資家とメディアによる寡頭支配の手にあり、彼らは絶えざる戦争の危機と引き換えに支配を実行し、発展という厳格なモデルを押し付けているというのに、問題は少女が頭にスカーフを巻くべきか否かだと考えるのは、私には本当に常識外れだと思えます。そこに悪しき兆候を読み取ることができるでしょう。それは特定のマイノリティーを標的とした公然の非難が徐々に浸透していく端緒なのです。ナショナル・アイデンティティや他の保護すべき価値等を口実として、このマイノリティに負の烙印を付すような行為が制御不能な形で大衆に広まらないように配慮しましょう。ミナレットに反対する数百万にのぼる愚鈍なスイス人の投票は、この偏向を示す一エピソードでしかなく、その責任はあなたにもあるのです。二〇年前にスカーフで大騒ぎした知識人や「フェミニスト」が今日のミナレットの現象に、そして明日のさらなる悪行に責任があるのです。あなたは責任の倫理学をお望みでしたね。ではそれを引き受けてください！　知識人たちがこの問題を取り上げたのですから……。

フィンケルクロート　レジス・ドゥブレ、エリザベス・フォントネー、エリザベス・バダンテール、カトリーヌ・キンツラー(14)、そして私……。

バディウ　そのリストは不完全ですが、正確ではあります。重い責任を負うべきはそうした人たちです。私にも、アメリカがカブールを爆撃したのを、女性解放を理由に喜んだ長年の友人がいます。これらのことを、あなたはアイデンティティの媚態として、局地的に投げかけて楽しんでいるのでしょうが、しかし事態がさらに進行して、こうした考えが人民を支配すれば、われわれは大変よろしくて、彼らは非常に悪いとみなすような粗野で、安易な視点が生じるでしょう。そしてよりいっそう組織的に、こうした言葉を用いて事態を説明するようになるでしょう。そして年々、ますます人種隔離的な、差別的な方向で、法律が可決されるようになるのです。こうした文明の歴史全体において、アイデンティティ的なものを導入する機械が政治の中で始動しているのですが、あなたがその政治を掌握することは確実にないでしょう。それは他の人たちがしていくでしょう。

フィンケルクロート　昨今の、フランス人は他者への憎しみ、他者の拒絶に囚われていると信じ込ませたいようですね。それでも、もう一度繰り返しますが、学校は誰も排除してはおらず、スカーフを排除しているのであって、それはまったく別のことなのです。もし今日恐怖が存在するとすれば、それは外国人への恐怖ではなく、ある種の移民たち、あるいは移民の子どもが抱えている憎しみに対する恐怖であって、それはかつての移民の波では例のないことです。この憎しみに対して、激しい批判で応じるのではなく、フランスには譲歩できない規則、価値、伝統があると説くことが肝要なのです。世界の美しさはその多様性でもあります。急進的自由主義者たちは、世界が固有の意味と政治的共同体を欠いた流動的なものであることを、そしてフランスが一種のコンコース、つまり忙しい個人たちの偶然の集まり以外の何ものでもないことを目指していますが、しかし私たちはそんなことを望んでいるのでしょうか。私たちは移動が存在の行き着くところであり、最後の吐息であることを望んでいるのでしょうか。これが、私が言わんとすることのすべてです。

ランスラン　古い教えで「ローマではローマ人のするようにせよ〔郷に入れば郷に従え〕」というのは知られていますが、まさにこれらの人々、「郊外《カルティエ》」の人々はローマに暮らしているわけではありません。もっと具体的に言えば、彼らはまったくの流刑地で生活しており、彼らがフランス市民権を獲得するというのは、多分に理論上のものであるにすぎません……。

フィンケルクロート　まず物事は決してそれほど単純ではありません。人口置換という現象は、ある人たちがわれわれに信じ込ませようとしているにも関わらず、外国人への負の差別化に起因するものではありません。もしボビニーでハラル(15)ではない肉屋を探すのに車に乗る必要があるなら、あなたは引っ越すでしょう。それが環境です。第二の返答は、アラン・バディウ、あなたにすれば、平等を肯定することを通してしか、正当な政治は存在しない。しかし、別のことを付け加えなければなりません。そこで遺産という考えが現れるのですが、われわれは女性に対する慇懃さ、つまりふたつの性の共存という混在性に基づいたある種の体制を遺贈されたものたちなのです。ところがヴェールは分割させ、そうすることで女性を性的対象の状態に帰してしまうのです。アルジェリアのアラブ人たちのあいだでは、ヴェールを取った女性は裸だといわれます。好色であるかあるいは隠すのかの二者択一なのです。われわれの文明にとっては、それはいずれにせよ「猥褻」なものです。

バディウ　コンコースのためのコンコースにせよ、それでもあなたの論は、このコンコースの主人たる捕食者に自由に獰猛な寡頭支配をゆるすことになりますよ。私はあなたの話のなかで、都市へ移住するためみずからの土地を離れた、かつてのフランスの数百万の農民のように、自国では家族を養うことができず、生きる手段を見つけられるところへ移動する必要と義務に駆られてやって来た農夫よりも、その主人を、今現在起こっていることの重大な、グローバルな責任者の方を批判しましょう。要するに、私は労働者《プロレタリア》という、この古臭い言葉を愛しているのです。それでも重要性のヒエラルキーが必要になるでしょう！　他所からやって来た彼らが、他者性という属性をみずからの内部にいまだ所有しているという、類型的で反動的な口実のもとに労働者《プロレタリア》を批判することに時間を費やすよりも、現在の権力の核を批判することが実に重要なのです。労働者に対する扱いを見れば、彼らがこの国への愛情で満ちあふれていないのは、十分に理解できることです。私自身、愛すべきところさえあれば、フランスを愛したいのですよ。フランスにおける現在の権力形態、今日の国家の先行きを決定している形態にもまた、私は憎しみを覚えます。

これらの労働者がわれわれを憎んでいるとあなたが語るとき、彼らは、誰を、そして何を憎んでいるのでしょうか。彼らはフランスを憎んではいません、それはまったくの誤りです、信じて下さい。私は数十年間彼らと政策を立案してきました。私はむしろ彼らは真の、そして最後の愛国者だと思うことがあります。彼らはいまだに民主的で革命的なフランスを信じており、彼らが迫害されることに驚き、傷ついています。つまり、彼らは愛国者なのです。なぜなら、アラン・フィンケルクロート、彼らは現在のアイデンティティと敵意に満ちた言説が、真のフランスを体現しているのではないと信じたいからです。彼らはただ、フランスのなかで、自分たちに負の烙印を押しつけてくるものとして彼らが習慣的に受け取っているものを憎んでいるだけです。あなたの言葉に描かれるような、閉鎖的な、同一性によるフランス、それに彼らは嫌悪感を抱いているのです。そのようなフランスは今日でも過去においても不健康だといわなければなりません。

フィンケルクロート　憎しみの問題に関しては、われわれのあいだに真の対立があります。アミティエ・フランセーズ主催による一九四五年の講演で、カミュはおおよそ次のようなことを語っています。「ナチズムはわれわれに憎しみを強要する。いまは憎しみに打ち勝つこと、批評を侮辱に決して加わらせないということが重要だ」と。彼はそれを「われわれの政治的メンタリティを再生すること」と呼んでいます。[16]ルネ・シャールは同時期に、同じように勧告しています。「われわれは火事の後、痕跡を消し、迷宮を封鎖することを支持する者だ。例外的な風潮を長引かせはしない」[17]。一方で、サルトルはまったく反対の決断を下しています。彼は全面的な戦争を継続するよう政治に求めながら、レジスタンスの例外的な風潮を長引かせようとしました。それゆえ彼は次のように書いているのです。「被圧迫者は、価値があるように見えるものをすべて、他人にたいする憎悪のなかに入れてしまう」[18]。カミュは今日でも賞賛されていますが、サルトルが賭け金を全部持って行ってしまいました。人は憎しみを非難することなく、それに専心し、ヒトラーへの還元 reductio ad hitlerum[19]は最大限機能する。アラン・バディウ、あなたがしているように、サルコジをペタンに比すならば、あるいはインターネット誌「メディアパール」のサイト上や怒りに駆られた四万人の市民とともに、「一九四四、四五年以来はじめて、極右のイデオロギーが共和国の頂点から表明された。この右翼はモーラス主義[20]であると同時にオルレアン派、エリート主義的であり、決してリベラルな民主主義を容認せず、一九四〇年の共和国の崩壊とともに、途方もない驚愕を経験した右翼だ[21]」という主張を支持するならば、その人は明晰でも、勇敢でさえなく、知的に居心地のよい、心理学的に満足を与える態度を身に纏っているということなのです。こうした枠組みでは、あらゆるものが単純です。人は決してジレンマや諸問題に触れることなく、さまざまな義務間の衝突も知らず、憤慨の中でぬくぬくと暮らしています。なぜなら極悪人にしか出会わないからです。「獰猛な寡頭支配」とあなたはいいますが、しかしそれでも、それは所得への累進課税を実行し、もっとも裕福な人たちに彼らが稼いだものの半分を差し出すよう強制しているのです。

バディウ　課税の歴史を少しばかり思いだしてください……。税を課させるにいたった人民のとてつもない戦いを！　税を課すために戦った人々は敵と戦っていたのです。あなたは敵というカテゴリーから離れることはできません。そう、できないのです。そしてあなたは敵を取り違えることもできません。敵とは郊外の若者よりもむしろサルコジであり、彼の共犯者たちです。

フィンケルクロート　郊外の若者は私の敵ではありません。彼らは決して敵であることはなかった、アラン・バディウ、誓って言います。私がルールを徹底させなければならないというのは、逆に彼らに手を差しのべているのであって、彼らにへつらい、彼らを満足させるような鏡を差し出すのは、逆に彼らを衰弱へと放り出すことになります。

バディウ　あなたの差し出した手によって、彼らは大いに前進しました……。これらの若者たちにとっての普遍的かつ肯定的な運命とは、確立した秩序を破壊しようと目論んでみずからを組織化することでしょう。それが肯定的な、高邁な解決策なのです。しかし、あなたが提起しているのは、彼らがまさに社会秩序に従順な人間になることです。

フィンケルクロート　あなたの急進性こそが、彼らを追いやっているのです。あなたの振り上げた拳が彼らを糾弾しているのです。彼らに唯一の選択肢として破壊か服従かを提示しながら、あなたは彼らを助けることなく、あらゆる可能な解決策を妨げているのです。そこで、延々と繰り返される暗黒時代との類似から心理学的な利点を引き出すことにしましょう。サルコジがペタンであれば、あなたはレジスタンスの一闘士ということになります。私はあなたがたに、つまりあなたとあなたの庇護のもとで完全に誇大妄想狂となった左翼知識人たちに、互いのあいだでいい加減なことを言うのはやめてもらいたいと思います。サルコジはリーダーではなく、標的と化しています。共和国大統領を侮辱することは、ネットやメディア上での、もっともありふれた、もっとも群衆的な運動となっています。政治権力が強力だった時には、追従者たちの順応主義が存在しましたが、今日では政治権力が脆弱であるがゆえに、嘲弄に基づく順応主義が存在しているのです。

バディウ　あなたがお持ちの根本的な原則は、合意だけで成立する種類に属するものです。共に生きよう。あなたはまるで真の敵など存在するはずはなく、共和国のリーダーとの敬意ある関係を必ず持たなければならない状況にいるかのように振る舞っています。あなたが描いているのは、現実的な場面とはまったく無関係のヴァーチャルな政治的場面です。実際の場面では、いくつもの敵があり、権力簒奪者、途方もない不平等、そして層全体が法律そのものによる差別を目の当たりにしている民衆が存在しています。あなたがおっしゃるのとは反対に、規則が、しかも偏った規則が存在しているのです。こういった状況で、あなたは哲学者の関心を引くであろうものは、スポーツの例からも分かるように、地元チームの勝利に対する、アルジェリア移民第二世代による地域的な熱狂であると考えているように見えます。あなたは無意味な問題についてしか語っておらず、しかもこれらの問題に完全に過剰な情動を注いでいるがゆえに、あなたの語り口はよりいっそう危険なのです。この行き過ぎた情動を、真の敵の方に注いでくれるといいのですが。

フィンケルクロート　あなたは現実的なものをあまりに絶対的な観念とするあまり、それと矛盾するすべての出来事を無闇に叩いているのです。もし存在することを望むならば、存在は大人しくしておく、つまりあなたのシステムに適応するしかありません。あなたにとっては、階級闘争に保証されることによってしか、事実に基づいた真実はありません。しかし教育プログラムを検討することは、無意味な出来事ではありません。教師が犠牲者となる攻撃が繰り返されることは、無意味ではありませんよ。それ以上にこれら教師たちへの軽蔑というのは問題ですが。なにしろ彼らは月一五〇〇ユーロしか稼いでいないのですから。したがって、われわれは事態を同じような尺度で評価していません。しかし私は専ら合意を得ようとして訴えているのではなく、レジスタンスの誇大妄想狂に対して、そして文明化された合意の欠如のために戦うのです。アラン・バディウ、私があなたの話を聞き、あなたの本を読んだうえで提示する問いは、正当な敵対者への場所は存在するのかということです。戦闘の際には、敵対者は合法的ではなく、有害であり、打ち負かされ、葬り去らなければなりません。ではひとたび敵が消滅したら、どうでしょう。それは永続的な牧歌的風景であり、永遠に続く歓喜《ハレルヤ》でしょう。共産主義政治は残酷で、その理想郷は俗悪的《キッチュ》です。それは友情《アミティエ》による、つまり世界についての対話によるギリシア的理想を、友愛《フラテルニテ》、つまり心中の可視化と、〔各個人の〕意識の一体化に置き換えるのです。

バディウ　いや、それはでたらめですよ……。何というカリカチュアでしょう！　マルクス主義は敵との対立矛盾と、いわゆる「人民のただなかに」ある非対立矛盾を区別しているということは、どんな小学生でも知っていることです。後者のほうが、政治的には、はるかに重要です。なぜなら統一は、つまり規律と集団的肯定の力は、それらの矛盾の解消に依っているのですから。矛盾はあるいは激しいこともあり得ますが、証拠となる事実に基づき、断固として議論によって扱われなければなりません。矛盾は永遠に存在するでしょう。それが、あなたの用いる言葉でいえば、「文明化された合意の欠如」と呼ぶものが内包するすべてです。あなたは、これらの点において、実際以上に、みずからの無知を晒しているようです。

ランスラン　アラン・バディウ、あなたがしばしばおっしゃっていることですが、この権力は、投票箱よりもむしろ、路上〔で展開される運動〕で打ち倒されなければならなかった。あなたは共産主義計画の再活性化のために運動をなさり、同様に移民出身の若者たちをご自身が推進している解放運動の先頭に立てているようです。その展望は、あなたとアラン・フィンケルクロートを根本的に対立させ、二〇世紀の教訓を忘却し、反全体主義が勝ち取ったものを後退させるのではとの危惧を抱かせます。

バディウ　私は現在の指導者たちを、マルクスが一八四八年に当時の指導者たちを見ていたように考えています。つまり「資本の代理人」として、です。彼らは一九八〇年代からますます、執拗なほどに、そのような側面をみせるようになってきました。その点で彼らを支えているのは、アラン・フィンケルクロートや他の人々が活発に参加している反革命的なイデオロギーです。そこには、ひとつに、共産主義的仮説に基づくあらゆる形態の価値を失墜させることがあります。ふたつめに、政治が乗り越え不可能な地平として議会制民主主義を再合法化することがあげられます。私の立場は次のとおりです。私は、あらゆる人と同様、二〇世紀の国家共産主義による惨事の一覧を作成することができます。しかも、あなたより優れた一覧をです、アラン・フィンケルクロート。なぜなら私はそのもっとも悲惨な詳細を知っているからであり、共産主義の問題は私の内的な問題だからです。しかしながらそれはあるがままの事物の成り行きを黙認する理由にはまったくなりません。したがって、敵は存在するのであり、私は彼らには正当性を認めません。結果的に、イデオロギー的、政治的力を構築しなければなりません、その本質は今のところ全く漠然としたものではありますが。この力はいずれにしろ必ず国際的なものになるはずです。それも、マルクスがそのことを完全に理解していたようにです。資本主義的、帝国主義的暴力はここから、たったひとつの世界が存在するという考えを生み出しました。個人がどこの出身かというのは、最終的には、彼らが実行する諸価値の選択、彼らの組織、彼らのヴィジョンほどには、さほど決定的ではありません。その根本的な核をなす解放は、平等を、つまり私有財産による完全なる社会的支配力との闘いを想定しています。私もまた、つまるところ、これらの「若者」に、何らかの形の規則を提示します。政治的原則の規則です。もっとも貧しいもの、もっとも持たざるものの政治的原則ですが、今日のわれわれは、残念ながらそこからはまだ遠く離れたところにいます。新たな原則の構築、それが現代的問題です。それは学校やいかなる国家制度からも進められることはないでしょう。学校は、少なくとも第三共和制と第四共和制による主たる遺産でしたが、駄目になってしまいました。ますます強固になって行くメランコリーのためにあなたが愛着を示しているこの残滓の外部で、すべてが、大々的に構築されなければなりません。

フィンケルクロート　確かに、私は全体主義的な経験からあらゆる教訓を引き出そうと試みました。ポーランドの哲学者ラゼック・コラコウスキーがその助けとなりました。「スターリン主義の本質的特徴は、あらゆる生の領域において人間的現実に二者択一しかないという図式を課すことにある」。そこから抜け出さなくてはなりません。バディウの世界は、ふたつの陣営、ふたつの集合体、ふたつの力です。それからひとたび勝利が得られるや、〔敗者を排除して〕「ひとつ」になります。世界のいわゆる進歩的な見方には、複数性のための場所は決してありません。

バディウ　私の哲学的全著作は多様性の存在論を打ち立てるところにあり、その本質的な内容のひとつは「〈単一〉のものは存在しない」ということです。にもかかわらず、私が複数性に抗って思考するのであれば、私は本当に支離滅裂でないといけませんね！　それを、この多様性を望んでいないのはあなたです。なぜならそれはあなたに恐怖を引き起こさせるから……。

フィンケルクロート　私は、あなたがご自分の図式の中でそうであって欲しいと望む者、つまり物事の現状を擁護する者ではありません。この世界がひとつの非‐世界に変わって行くのを見て、それに心を痛めているのです、レヴィ＝ストロースのように。そして悲嘆に暮れるからといって、私が反‐革命的になることはありません。

バディウ　あなたの内部では、根源的な主体的与件がメランコリーの形態であることはよくわかります。それが私の心を揺さぶるのです、というのもある種の方法では、私もあなたとそれを共有しうるからです。私以上に深くフランス人である人間を見つけることは難しい。『主体の理論』という私の著作の冒頭にはこういう一文があります。「私はみずからの国を、フランスを愛する(22)」。われわれは魅力溢れる古きフランス人のある種のイメージに立脚してコミュニケーションを行うこともできますし、この消滅した魅力を惜しみつつ、悲しみのなかで互いに結ばれることも可能です。ただ、あなたの内部では、メランコリーは攻撃的になり、分離を、禁止を、単一性を夢見ているのでしょう。そしてこの傾向のために、あなたは後戻りできない新たな現象を、危険で、有害なものと考えるようになるのですが、それは物事の歴史的な成り行きでしかありません。私が繰り返し述べているように、アフリカを離れた多くの人々がたどり着いたのは、オーヴェルニュ人やサヴォワ人がパリに、ポーランド人が北部の都市に、イタリア人がマルセイユへと移動した、一九世紀にはじまる過程の延長であるということをはっきりと受け入れましょう。こうした広い視点がなければ、フランスが生み出すイメージは狭量で、危険なものになります。「フランス」という言葉に意味を与えうる唯一の視点は、全世界を前にしてフランス的普遍主義を作り上げたことで、つまりはフランス革命との繋がりであり、民衆による政治の系譜を生み出したことなのです。そう、これです。他方、主体的なレベルでも、それは少なくとも救いにはなりえます。

フィンケルクロート　ある女教師が最終学級の学生たちから、職を辞するか態度を改めるよう強く求める嘆願書を受け取りました。彼女が教室で携帯電話の使用を禁じるほどの独裁主義を押しすすめたからというのです！　この集団からの手紙が語っているのは、要するに「出て行け、さもなくば死刑だ」ということです。「仏頂面をするな。大勢に従え。自由にコミュニケーションをさせ、皆をうんざりさせることのないように、永遠に籍を移れ」と。つまり彼らの求めに応じて、新たにこの地にやって来たものから根本的な権利を奪おうとしているのです。それは継続性への権利です。私はこの人事異動を注視し、それとの戦いに加わっていますが、戦いに勝てるわずかな希望も抱いていません。

ランスラン　アラン・バディウ、あなたの立場は根源的な普遍主義であり、あらゆる共同体に指名された代表に、政治的問題において重要な役割を演じさせることへの論証済みの拒否によって特徴づけられます。それはおそらくあなたをもっともアラン・フィンケルクロートから遠ざけている点で、アラン・フィンケルクロートは現在の移民の波とかつてのそれを区別していると思われます。あなたたちを互いに対立させているこの違いを正確に言葉にすることができますか？

フィンケルクロート　これほどデリケートな問題について考える時には、一般的な法律や動向についての研究が、われわれが内に抱いている個別の状況を思いやる感覚を窒息させることがないように絶えず注視していなければなりません。人間は標本ではありません。それは反人種差別主義の偉大な教訓です。しかしながら、私はアラン・バディウに反して、かつての移民の波と今日のものとのあいだには深刻な相違があると思います。二〇〇五年の暴動のあとに作られた組織である、アセ・ル・フ[23]のある闘士はこう述べています。「私は移民出身のフランス人なのではなく、フランスの多様性の一部をなすひとりのフランス人だ」と。つまり彼にとってのフランスとは、彼そのものなのです。彼は権利を要求し、価値を生み出すべき債権を所有していますが、弁済すべき、あるいは単に認知すべきいかなる負債も抱えていません。「ありがとう」という言葉は彼の口からは出てきません。彼は暮らしている国に何も借りはないのです。多様性という概念は、彼から共和国の市民性とフランスの文明という二重の重荷を取り除きます。そのことから私個人の特殊な状況を振り返ってみましょう。というのも私自身もまた移民の出自を持つフランス人なのですから。私の父は一九二〇年代の終わりに、母は一九四八年にフランスに来ました。彼ら二人は〔ドイツのユダヤ人迫害を〕生き延びた人たちですが、父方の祖父母は密入国を手引きした人に告発され、ボルドーから強制移送されました。父もまた強制移送されました。[24] 私の家庭で、フランスとの係争状態は重苦しいものでした。両親のあいだにはある種の距離がありました。しかし同時に私も、その〔アセ・ル・フの闘士の〕ような言葉を自分のものとして取りあげることは決してできないでしょう。なぜなら私のうちではフランスは、私自身ではないからです。フランスは私に分け与えられた何かなのです。フランスは私にみずからを差し出しました、それも（これこそフランスの偉大なところですが）第二の祖国のように差しだしたのです。フランスとは私がそこで成長してきた言語であり、私が、部分的にではありますが、自分のものとしている文化です。学校で私に移譲された遺産です。多様性というテーマが近年、鳴り物入りで浮上してきたことで、私たちの手持ちの札は一変してしまいました。この新しい社会的規範がひとつのフランスを描きだしていますが、そこでは外国に起源を持つ場合のみ、その起源に市民権が認められ、あらゆるアイデンティティ（宗教的、民族的、地域的、性的アイデンティティ）は受け入れられるが、フランスのアイデンティティだけは受け入れられない。ところが、構成する人々が多様性においてしか認められないような国家はもはや歴史的な主体ではなく、社会学的な対象であり、政府がしているように二股をかけるのは、政府の側に深刻なほど一貫性が欠けているということになります。私は、フランスは各人がみずからの食料を持ち込むようなろくでもない所であるはずがないと深く思っています。私が抱く感情は、同情による祖国主義です。シモーヌ・ヴェイユが述べたように、美しく、貴重であると同時に傷つきやすいものへの思いやりです。私はこの感情がもう少し共有されればと思います。

バディウ　繰り返しますが、私は自分の国を、フランスを愛しています。このことは断言しておきます。ただ、あなたの同情による祖国主義を私が理解しうるとしても、私は建設による祖国主義を躊躇うことなく対立させるでしょう。あなたの特定の所与への思いやりに、私はフランスが全人類になし得る無条件の贈与への熱狂を対立させましょう。革命の理想によるフランス、あるいはレジスタンスの、パリ・コミューンのフランスですし、それはまたコルネイユの演劇やプルーストの小説のフランスでもあります。そのフランスが、すべての人に向けられ、すべての人が愛するに値するとわかった場合だけ、私が愛するに値します。だからこそ、この愛は、「プロレタリア階級は祖国を持たない」という格言に矛盾しないだけでなく、それを求めてさえいるのです。あらゆる国に伝達可能なものしか科学ではありえないし、時間的にも空間的にも、あらゆる言語のあらゆる詩形との対話においてしか詩篇は存在しません。したがって不公平な共同体の形態を破壊するのに適した、革新的な政策は、グローバルなものでしかありえないのは至極当然のことです。マルクスはすでに国家という枠組みは捨て去られると考えていました。フランスのナショナリズムの絶頂期を示す歴史的現実は、一九一四年の戦争です。無駄に数百万の死者を出したのですから。新たに移住した人々に対して、フランスは、まさしくかつてみずからの政治に彼らを受け入れることが可能であったからフランスであり得たのであり、それがフランスの政治でした。その限りにおいてのみ、フランスは彼らにみずからを差し出すにたる国たり得るのです。彼らを受け入れず、彼らを差別する法律に次々に賛成票を投じるフランス、それはまったく一九一四年の大戦時のフランスであり、またペタンのフランスです。つまり、みずからに閉じこもり、閉域としてしか存在の雛型を持たないフランスです。あなたは「ろくでもない所はない」とおっしゃいます。しかし移住して来る人たちにとって、具体的にそれが何を意味しているかを理解しなければなりません。それは勾留キャンプであり、警察による迫害であり、イスラム原理主義とはまったく関わりを持たず、単にここにいるだけの人々をつねに選別することを意味しているのです。彼らは田舎からやってきた彼らの先祖と同様の困難で、陰険な、抑圧された行程を繰り返しているのです。たとえ何を言い、何をしようとも、あなたはこれらの人々を疑わしいものと名指すことに関与しているのです。そして、私からすれば、それは容認しがたいことです。今日ではかつてないほど、国民国家の彼方を思考しなければなりません。だから多様性なのです！　しかし、そもそもすべては多様であり、すべてはもうずっと以前から、全く極度の多様性によって構成されているのです。フランスにしても、ルイ一四世の治世下では言語的な統一さえされていませんでした。したがって、このフランスにおける統一性と多様性の対立は、まさに些末事なのです。フランスは無数の多様性によって成り立っているのに、なぜフランスはこんなことを言うのでしょうか、「ああ、だめだめ、もうここまでだ！　こういう類の多様性、たとえば、イスラム教徒みたいなのは、これはいい多様性じゃない」。それは結局のところ、警察や迫害者の方法です。国家的フェティシズムをとるか、共同体をとるか、です。もう一度言いますが、あなたは狭量な二者択一のなかに閉じこもっているのです。しかし別の仮説もあります。来るべき真の建設とは、完全に国際的な政治形態の展望です。そして国内にインターナショナリズムを建設できることは好機であって、不幸ではありません。

ランスラン　しかしながらアラン・バディウ、これまでのところ、あなたご自身も擁護している課税による再配分、社会給付、その他の成果を認めさせるのに、国家の枠組み以外の何ものも見出せていません。実現は疑わしいものの「世界最低所得」を整備することまで要求しているトニ・ネグリ流のアルテルモンディアリストたちには気に入らなくとも、そうしたすべては国家的枠組みに寄りかかることによってのみ可能な情況です……。

バディウ　でもそれらはどれも一時的なものです！　この枠組みを乗り越えることは不可能だとは完全に証明されてもいないし、証明もできないでしょう。

ランスラン　それはあなたが有限性を考慮に入れない、あるいはむしろ善良な革命家として、決してそれを考慮しないと決意したということですね。しかも、ジャン゠ジャック・ルソーに反してでしょうか。ルソーはあなたにとって特に親しい作家だと思いますが、そのルソーは拡張しすぎた国家は必然的に消滅を宣告されると考えていました……。

バディウ　おそらく、それはかなり真実でしょう。たしかに、私の立場は際限のないルソー主義であると言えるでしょう。

フィンケルクロート　現在の移民政策を形容する迫害という言葉は、私にはまったく常軌を逸しているように思えます。ヨーロッパの政治家は矛盾する要求に悩まされています。

バディウ　ああ、それは、あなたが犠牲となっている人々を知らないからですよ。こう言うのは憚られるのですが、あなたは遠く離れたところから語っているのです。

フィンケルクロート　われわれの大陸を要塞のように語ることはまずできないでしょう。つまり歓待というものがあります……。

バディウ　残念ながら、必要だからという理由で人々を連れて来ることを歓待とは呼びません！　取るに足らない賃金で、外食産業で汗水流して働かせたり、舗道に穴を掘るために彼らを連れて来たりするというのは、かなり特異な歓待の考えです。

フィンケルクロート　それに、福祉国家が獲得してきたものを維持する必要性があります。もしわれわれがウルトラリベラルな体制に生きているとすれば、人々の移動ははるかに簡単に実行できるでしょう。迎え入れること、それは何かを与えることであり、何かを与えるためには与えるべき何かを持っていなければならず、面と向かって、受け入れる体制である必要があります。私はこの受容力が段階的に消滅していると指摘しているのです。

バディウ　あなたはご自分が知りもしないことを語っています。これらの人々の圧倒的多数は汗水流して働きに来ているのであり、フランスの恩恵豊かな大いなる歓待を受けるためではまったくありません。彼らはわれわれの穴を掘り、われわれの糞便を掃除しに来ているのです。しかも最低賃金よりも低い賃金のために。しかしながら、われわれの名高い「福祉国家」は彼らには適用されません。なぜなら彼らに身分証明書を与えるのを拒んでいるからです。彼らは病院で適切な治療を受けることもできないでいるのです。そしてあなたがフランスのアイデンティティが変質していることの責任を押し付けているのは、これらの人たちなのです。

フィンケルクロート　あなたが描きだす光景は衝撃的ですが、しかしながら大きな事実を見落としています。一九七〇年代末以降、移民を主に方向付けているのは、労働力という流れではなく、〔家族を呼びよせることでおこる〕家族的な流れだということです。あなたが私を責めるのは間違っています。というのも、私はフランスのアイデンティティが変質した責任を誰かに帰しているわけではありませんから。このアイデンティティに対する反発が高まっていくのを呆然と見ているだけなのです。日刊紙「ル・モンド」は、〔特定の対象に〕負の烙印を押すような行為を避けることに極力気を使う新聞ですが、最近、ある記事で、地域的な暴力が支配する街、カヴァイヨンの市長の話を引用していました。市職員たちが高層ビルから出るゴミを収集していました。すると彼らにこういう叫び声が浴びせられたのです。「忌々しいフランス人め、おれたちの糞をずっと掃除してろ！」

バディウ　もちろんですよ！　良き白人の側に統合されている人なら、この手の話は、アフリカ人やアルジェリア人に関して山ほど持っているでしょう。かつて、ユダヤ人や「地中海東岸出身者」について山ほど持っていたようにね。そこにどのような真理があるのでしょう。どのような重要性が。ミナレットに反対の投票をしたスイス人は、生涯にたったひとりのアラブ人も見たことがありませんでした。それはイデオロギーの造りものです。あなたは今まさに、一九三〇年代にユダヤ人が作り上げられたのと同じように、イスラム教徒をイデオロギーに基づいて構築しています。あなたが、同じ形容詞を用いて実行しようとしているのはそういうことなのです。われわれと同じ出自を持たない人々は、ひそかに、あるいは公然とわれわれを嫌悪している、彼らは閉鎖的な共同体を形成し、フランス国家に組み入れられることを拒んでいるなどです。あなたはご自分が何の意図もなくそうしたことを行っているとお思いですか。だとすれば、あなたは間違っています。この見せかけだけの知的構築を利用する人々は今後も存在するでしょう。なにしろ状況は深刻ですから。しかしあなたが考えるような深刻さではありません。フランスのアイデンティティは脅かされてはいません。これまで他にも脅かされた情況を見てきていますよ、フランスのアイデンティティは。脅かされているのは最小限の内的、民族的な統一です。この統一こそが、いつの日か不気味な力が全面的な支配へと及んでしまうのを避けるものなのです。アラン・フィンケルクロート、あなたがこれらの力に組みしないであろうことは、よく分かっています。しかし、あなたにも連帯責任は及ぶでしょう。致命的な結果に陥ることなく、この種のアイデンティティの呼称を政治に導入することはできません。あなたはそのことを完全に理解しているでしょう。フランスには「移民問題」は存在せず、「イスラム問題」も存在しません。一九三〇年代に「ユダヤ人問題」が存在しなかったのと同じようにです。なぜあなたはご自身の知性と才能を、でっち上げずともいつでも目にする些細な出来事から、こうした類の「問題」を全くの幻想で構築することに費やしているのでしょう。反ユダヤ主義者もまた「些細な出来事」を発見していました。いつだって、これこれを言ったり、やったりするユダヤ人が存在したのです。こういったことと戯れることはできません。資本主義は不安定なシステムであり、危機や戦争などの状況に行きついたときには、生贄《スケープゴート》への誘惑が否応なしに現れることになります。今日のヨーロッパにおける生贄とは何でしょうか。イスラム教徒やマグレブ人、アフリカ人と呼ばれる人々でないとしたら、何なのでしょう。生贄とは彼らなのです。それは避けられないことであり、紛れもない事実です。そしてあなたにはその連帯責任を負うことになるでしょう。あなたにとっては本当に残念なことではありますが。なぜならこの未来はそれほど遠くないからです。フランスのアイデンティティを「審査し」はじめれば、すべては可能となります。

ランスラン　アラン・バデュウはあなたの問題に対して、取るに足らないことだと非難しましたが……。彼にどう返答しますか。

フィンケルクロート　私の立場に対して口にされた非難はスキャンダラスですが、いらつかないようにしましょう。ただ言いたいのは、われわれ、アラン・バデュウと私が現実と見なしていることが、同じではないということです。われわれは現実についての同じ思考を共有していません。ごく最近のことですが、極右の人たちと議論する機会があり、私はかなり孤独でした。というのも、その時は、反人種主義的左翼と国民戦線の間に思いがけない絆が結ばれたからです。私はポランスキーの問題について話したかった[25]のです。そこには、いつものようにファシズムが進行していくさまが見てとれました。ある標的を人民による刑罰に差し向け、少女を強姦したと告発して、生贄となる犠牲者をつくり出すという具合です……。そして善意の政党〔左派のこと〕はこの件について何も非難すべきことを見出せませんでした。なぜでしょうか……。それはこの人物が、彼らの目には支配的特権階級の一員と映ったからです。それゆえポランスキーは報いを受けなければならないのです。「郊外での輪姦を非難する人々は、上流富裕階級への寛容を主張すべきではなかった」とオリヴィエ・モンギャンは書いています。[26]彼もまた不平等を告発していました。エリートの不当な恩恵や汚職に憤慨していたのです。人民を、たとえそれは同じ人民ではないにしても、擁護してもいました。しかし、この貧しい人たちの熱烈な擁護者には、ポランスキーに対する不平等はたいして重要ではありませんでした。取るに足らない「ポラック」〔ポーランド人の蔑称〕に対するアメリカ司法の執拗な追求はポランスキーの軽犯罪とはなんの関係もなく、すべては彼の名声のためであったことは、モンギャンにはたいして重要ではなかったのです。

あなたのユダヤ人とイスラム教徒の比較は、私を激昂させるものかもしれません。私は単純にこうお答えしましょう。私の意見では、何らかのフランス嫌いの高まりと、新たなユダヤ嫌いに対して、同様の無分別が存在しています。それは同じ理由からです。すなわち、被支配層という肩書きを持つ人々は存在論的に純粋だというのです。ユダヤ人を激しく非難し、かつフランス中心主義者でないとすれば、それは社会的貧困の犠牲者か、パレスチナ人と連帯しているかのいずれかだというわけです。われわれはこのような反ユダヤ主義を、そのものの名で呼ばないように厳命されているのです。

バディウ　それは一度も私にあてはまったことはありませんよ。『情勢3』[27]の冒頭から、私はアラブ人による反ユダヤ主義が存在し、それに最大限の注意を払わなければならない、またいかなる場合でも、私は近くからでも遠くからでもそれと協定を結ぶことはないだろうと述べています。したがって私はそのような訴えの完全な埒外にいると感じています。私が述べていることは別の本質に属しています。ヨーロッパの極右は、ここ数十年来、イスラム教徒への、彼らがイスラム主義と呼ぶものに対する敵意のもとに構築されています。あなたは、これらの「イスラム教徒」やアフリカ人が、「文明」の観点から、われわれとまったく同じではないと口にすることによって、こうした敵意を育むことに貢献しているのです。彼らは統合しうるものではない。彼らはわれわれを憎んでいる。ユダヤ人が「反‐フランス」に加担したというのが、一九三〇年代の極右の基本的な論拠となっていました。私はさしあたって、わが国にイスラム化した大量の貧しい民衆が存在すると言って不安に駆られるあなたの知的メカニズムと、ユダヤ人にあらゆるやり方で烙印を押す行為が組み立てられたやり方との違いを理解することができません。ユダヤ人たちは東欧の国にも大量に移住していましたが、ここでも既製服の製造作業場でさえ、公然たる非難にさらされていた貧しい人々はユダヤ人たちでした。

フィンケルクロート　反アラブの人種差別は、他のすべての人種差別と同様には説明できないように思われます。しかし今日の反人種主義はかつての共産主義のようなものです。つまり反論の余地がなく、再現なく更新可能な、世界を説明するシステムというわけです。それは決して誤りと見なされることはありません……。なぜならそれに抵抗する、あるいはそれに矛盾するすべてのものに、みずからの主張を確認するからです。「私のフランスは私に大声でがなり立てる。私のフランスは夢が尽きた所で暮らしている。私のフランスは集団で暮らし、故郷を語る。規則を嫌い、授業をサボる、何もすることがないから。機械工の職業教育免状じゃあ社長になれない、だから私のフランスは、暴れて、ブルジョワたちに糞を売る」とディアムが歌うとき[28]、反人種主義イデオロギーは、わめき声と投げやりが入り交じったこの歌詞を、周囲の外国人嫌いに対する返答として受け取りました……。ところが伝統的で、人種差別主義的と言われているフランスの非都市部ではラマ・ヤドやヤニック・ノア、ジダンを褒めそやしています[29]！　それに、教育の無償化、医療費のほぼ無償化、家族手当、HLM〔低所得者用住宅〕の家賃、福祉サービスの拡充、郊外のいくつかの区画の再建設などをただただ隠蔽するのでなければ、ディアムが歌うフランスは公権力によって見捨てられているとは言えません。われわれは国家の歴史における人種差別主義時代を生きているのではないのです。それは真実ではありません。

バディウ　しかし政府がお粗末なものであれば、あなたも最終的にはフランス嫌いになるはずです。それはまったく当然のことですよ！　パリ・コミューンの人々は赤旗にみずからを認めていたのであって、ヴェルサイユの人々の、敷石に二万人もの労働者の死者を残した側の人たちのものであるトリコロールではありません。あなたは戦争用語を用いたくはないでしょうが、これらの人たちが、われわれに戦争を仕掛けているのです。敵は彼らであって、彼らの主たる犠牲者である労働者たちではありません。サルコジは、結局のところ、マリ人の清掃労働者よりも有害です。もしこの国で評価しうるあらゆるものと断絶状態にある人がいるとすれば、それはサルコジであって、マリ人たちではありません。低俗で、反動的な新聞のために作られたなんとも貧困な思考が、イスラム主義はわれわれの主要な敵だと信じ込ませるのでしょうか。繰り返しますが、あなたは誤った矛盾に捉えられたままなのです。グローバル資本主義かあるいはイスラム主義かという矛盾に。それはまったく現実の世界ではありません。私にいわせれば、イスラム主義はファシストの小集団であり、そう言うことになんの不都合も感じません。私はこれらの人々にいかなる種類の好意も抱いていませんし、彼らはまったく有害なものだと見なしています。

フィンケルクロート　無差別的反人種主義の時代には、レヴィ＝ストロースの偉大なる教訓を深く思考することにしましょう。「あらゆる形での人種差別に対する闘いは急務であり、その人道的な目標は否めない。しかし、その闘いが、生命の尊さを教える審美的・精神的価値を生み出す栄光をになったかつての特殊性・独自性を破壊する世界文明に、人類をひきずり込む動きに加担している」[30]。フランス文明には普遍的な次元が存在すると思いますが、また保存されるに値する個別性も存在すると思います。実際にこの点に関しては、私はアラン・バディウと一致しますし、イスラム主義は社会を乱す唯一の力ではないでしょう。

第二章　ユダヤ教とイスラエル、および普遍主義について

ランスラン　アラン・バディウ、あなたは二〇〇五年に『情勢3　「ユダヤ」という言葉の射程』を上梓なさいましたが、その理由をはっきりおっしゃっています。あなたご自身の言葉を引用させていただくと、「今や世論の大半が、偏狭なナショナリズムや、ひいては人種主義に基づいた政治に賛同しているが、その支持表明に知識人が「ユダヤ」という言葉を入れこむのをみて、非常に衝撃を受けた」ことからこの本を執筆なさったということでした。アラン・フィンケルクロート、反動的傾向を見せる政治によって、このような「「ユダヤ」という言葉の」一種の道具化が少なからず見受けられるという批判を否定できるでしょうか。

バディウ　私は、ある種の人々が口にする次のような論理は常識的に成り立たないということを示したのです。その論理とは、アメリカ政治に対する反感にしても、資本主義を断ち切りたいという意思表示にしても、その根底には反ユダヤ主義が潜んでいるという考え方で、反アメリカ主義＝反資本主義＝反ユダヤ主義というまったく常軌を逸した等式を押し付けようとするものです。反人種主義はまったく別の問題ですよ。

フィンケルクロート　現行のフランス政治(1)が人種主義的であるとは思えません。その点を先ほどルネ・シャールやカミュに則して言っていたんです。レジスタンスの運動モデルは今私たちが生きている状況に有効だとは言えません。だいたい、大統領〔＝サルコジ前大統領、以下同様〕がモデルとして引き合いに出してくるのはいつもレジスタンスですし……。

ランスラン　同時に、大統領は週刊誌「ミニュットゥ」の元編集長で、極右知識人として知られる人物を側近にしていて、二〇〇七年の大統領選の勝利は、大いにこの人物のおかげだったと大統領自身が言い切っていますよね(2)……。

フィンケルクロート　私は『情勢3』を読んで、違和感を持った者のひとりです。しかし、だからと言って反ユダヤ主義の廉でアラン・バディウを訴えるようなことはしたくありません。人種主義者という断罪の犠牲になるのがどういうことか知っていますからね。そうは言っても、

『情勢3』では次のような文を目にします。「ナチやその共犯者は、連中が『ユダヤ人』と名付けた何百万という人々を皆殺しにしたが、私に言わせれば、そのことで現問題の当事者〔イスラエル人〕が自己規定において新たな正当性を得ることにはまったくならない（……）。むしろ、これら無差別の大量虐殺から引き出すべき結論は、国家的、政治的イデオロギーの領域に共同体の属性を大々的に掲げるのは、差別化するためであろうと、聖別化するためであろうと、どんな場合でも最悪の事態へ突き進むということである」[3]。このような過激な議論から私が思い起こすのは、その対局にある、ウラジミール・ラビノヴィッチ、作家のラビですが[4]、彼が一九四五年に雑誌「エスプリ」に発表した胸をえぐられるような次の言葉です。「私たちは再び自由な人間の一員となった。私たちは再びフランス国民として生きはじめた。私たちのうち、少なくともそれができる者は、再びもとの職業について働きはじめた。しかし、口には出さなくとも、私たちのひとつひとつの行為や言葉の背後には、あのつきまとって離れない強迫観念が、あの密かに疼き続ける痛みがある。そう、私たちはもう決して他の人々と同じではないのだ。私たちは忘れることは出来ないのだ。これからも決して忘れることはないだろう。私たちは世界の屑であった。すなわち、誰もが私たちに対して自由に振る舞うことが許されていた」。世界の屑、この表現は聖パウロから来ています。「今にいたるまで、わたしたちは世の屑、すべてのものの滓とされています」[5]。しかしこの場合、この言葉はユダヤ人に当てはまるのであり、字義通り取られなければなりません。まさしく殲滅の最初から最後までずっと、ユダヤ人は屑だったのです。さて、彼らのうちで生き残った大多数の人々が、あの口に出すのもおぞましい試練ののちにした決断、それが「もう決してあれを繰り返さない」です。もう二度と、あのように人間から降格され、見捨てられ、そして孤立した状態にはならない。もう二度と、あのように死んだりしない。もうこれからは決して、虫けらのように掃き捨てられたりしない。だから、私たちは地球上のどこかへ自分たちの民族の特権を見つけにいくのだ。この「もう決してあれを繰り返さない」という言葉には、受け身のユダヤ人を英雄的な開拓者たるイスラエル人によって贖罪するのとは別の意味もありました。生き残った者たちはそのことを恥じてはいませんでした。彼らはよく知っていたのです、戦争中に人間としての尊厳を失ったのは自分たちではなく、ナチスであり、ナチスの共犯者であり、ナチスに雇われた現地補充兵たちであり、またユダヤ人に対して優位に振る舞ったすべての者たちの方なのだと。ただただ彼らは世界の屑であった、そしてそのような状況がいかなる形でも再び起こりえないようにイスラエルが必要だったのであり、ユダヤの国家が必要だったのです。アラン・バディウ、あなたはこの「もう決してあれを繰り返さない」という表現にあるあれというのをまったく違ったふうに聞き取っているのです。あなたにとって、「同胞」と「他者」を区別することは悪の根源なのです。あなたにとって、自己のアイデンティティを肯定することは、排除とその最たるものである殲滅へと導いていくことなのです。従って、あなたはいかなる内的分裂にもうち砕かれることがないような人間を弁護し、「アイデンティティの形成において、完全に区別することのできない」コスモポリタンな諸国家にしか正当性を認めないのです。このような態度は暗に次のような考えを含んでいます。すなわち、シオニストたちが国家計画を達成する限り、彼らはアウシュヴィッツから学ばない出来の悪い生徒であり、しかもヒトラー的政治を永続させる継承者だというのです。このようなイスラエル国家とナチス政権の比較は、真実とその記憶への罵倒に等しいものです。しかも、イスラエルでパレスチナ解放のために戦っているのは、イスラエル国家の民主主義的かつユダヤ的な特性を保持することに熱心な愛国的シオニストたちであるだけに、このような問題提起は一層不当なものです。

バディウ　私は絶対に、いいですか絶対にです、ユダヤ人の運命とナチス政治との間のいかなる類比にも賛同しません。あなたにもしっかり言っておきますし、さらに念を押しておきますが、ここでの問題とはわれわれの問題であり、イスラエルという国家が行っている政治の問題なのです。そしてその背後には、多様で、個々の個性を持った人々と国家との間にある関係が問題としてあります。結局のところ、あなたにとっては、ヨーロッパのユダヤ人虐殺が事後的にシオニズム計画を正当化するのは当然のことのようです。しかし、あのおぞましい虐殺とひとつの国家創造との関係は、まったく自明のことではないのです。しかも、その問題となっている国家は、完全に殺戮がおこった歴史的舞台の外で成立しているのですから。より一般的に言っても、「世界の屑」になることと、ひとつの民族国家《ネーション・ステイト》をつくることとの間にあなたが打ち立てた弁証法は、私の意見では、原理からしていかがわしく、事実からして矛盾しています。

そもそも、この建国は今現在にいたるまでまったく平和をもたらしていませんし、反ユダヤ主義の存在や広がりを制限することにもまるで役立っていません。中東では百年戦争がおこっているのであり、そのやり方は、内戦でも他国との戦争でもない、この種の戦争が使う汚いやり方です。そして、反ユダヤ主義は大きなうねりとなってアラブ民族だけでなく、貧困に喘ぐ国の人々まで呑み込んでいますが、その理由についてはまた後ほど話すことにしましょう。

ところで、ここでひとつ比較をさせてください。もちろん、これは教育的な理由でするのですが、強度のまったく違う現象を比べて関係づけてみるのです。あなたもご存知だと思いますが、一九世紀のプロレタリアたちは、結局のところユダヤ知識人にかなり統制されていたのですが、やはり自分たちは政治の世界では無に等しいと考えていました。彼らの歌はこう叫びをあげていました、「われわれは存在していないも同然だ……」。プロレタリアの運命には、ヨーロッパのユダヤ人虐殺に比べられるような事態は何も起こっていません。しかし、大規模な虐殺は、とりわけフランスでは、いくつもありました。そのような理由から、前世紀のはじめ、人々は「プロレタリアの国家」が必要だと言ったのです。もう二度とこのような権力の乱用が、あの圧制がおこらないように。「もう決してあれを繰り返さない」は、すでにひとつの国家〔建設〕という考えとともにあったのです。人々は「労働者の国家」建国を可能にする革命を欲しました。あなたはこのような考えがもたらした結果に満足している人々には属していないように見えますけどね！　でも、それならなぜあなたはユダヤ人については、「もう決してあれを繰り返さない」解決法として、ユダヤ人国家の建設をまったく無条件に支持なさるのでしょうか。他の場合はまったく支持していないのに。どこに違いがあるのでしょう。虐殺というのは、確かに、名付けようのない特異なものです。しかし、いいですか、「もう決してあれを繰り返さない」は、ナチスの虐殺と同様、植民地での大虐殺にも関係しているのであり、帝政ロシアのユダヤ人大虐殺同様、一八四八年六月に、あるいは一八七一年五月に起こったパリ路上での何千人という労働者殺害にも関係しています。またカンボジアで「ふたつの民族」間の違いという名目で行われた大量殺人や、ツチ族はフツ族の人間ではないという名目でルワンダで行われた大量殺人にも関係しているのです。これらの出来事がまず考えさせるのは、いかなる場所でも、いかなる状況にあっても、そしていかなる人に対してであろうと、その存在そのものに異議を唱えるような扱いをすることは許されない、ということです。両世界大戦間、フランスも含め、「ユダヤ人問題」なるものの存在がしきりに言及され、それが了承されてもいました。それが今日でも、あたかもそうしたことなどまるでなかったかのように「移民問題」や、さらには「アラブ人問題」があると言いはる人々がいるのは、実に腹立たしいことです。私たちの国で生活し、私たちの国で働いている人々に対して、自身のアイデンティティを対立させるのです。それはあたかもこんな烙印を押し付けるかのようです。「連中は本当のところフランス人ではない」。この言葉から常に、ヒルバーグが見事に描き出した差異化、同一化、隔離、強制収容、監禁抑留、処刑という過程[6]がはじまることをどうやって黙殺できるんですか？ 当然ながら、このような過程のひとつとして見逃すわけにはいきません。その最初の段階なら、なおさらでしょう。ここで、私たちは議論の出発点に戻ってきました。国民のアイデンティティを規定するあらゆるものは、「他者」を同定することであり、それ自体が差異化の身振りなのです。そこから、即座に自他の同定、すなわち区別を可能にする法的な取り決めが準備され、さらに生物学的なマニュアルが整えられ、隔離が準備される、すると強制収容は当然のこととなり、それがさらに……といった具合です。この虐殺への歩みを段階的に示す用語をどれも拒絶するというのであれば、その国家は、管理下にある領土内に住み、そこで生活し、働いている者は誰であろうと平等に取り扱わなければならないということになるでしょう。それに、住まわせておきながらわれわれの一員ではないと宣告する国家において、解決策や平和が見いだされると信じるのはあまり理性的とは言えません。なぜならその「解決策」は、実際には、国家的な形での隔離にすぎないのですから。

そういう次第ですから、第二次世界大戦の連合国が勝利の後にパレスチナに新しい国家を建設したという歴史的事実を問題に付すつもりはまったくありません。それは、戦時中、さほど熱心に虐殺を取り扱ってこなかった責任を逃れる便利な方法だったでしょう。この国家制定に際して、そこにユダヤという属性を入れるや否や、非常な緊張状態が生ずべくして生じることになりました。そうして、先ほど話した〈百年戦争〉になり、パレスチナ人への圧制です。私には大勢のイスラエル人の友人がいますが、彼らは全員一致で、これは恥ずべきことであり、彼らのユダヤ人というアイデンティティそのもののスキャンダルであると見なしています。では今後、ここからどうやって抜け出したら良いのでしょうか？　私はごく単純に、今日のユダヤ人にとって、国家が割り振ったアイデンティティを維持していくのは、「イスラエルとパレスチナという〕二国家からなるパレスチナを創造するよりも危険が少ないと言えるのか考えてしまいます。私はこの二民族《ビナショナル》からなるパレスチナを創造しようとずいぶん前から闘っていますが、すでにハンナ・アレントもそれを望んでいました。

ランスラン　アラン・フィンケルクロートが先ほど指摘していましたが、〔以下、アラン・バディウに対して〕あなたはいかなる共同体の属性も、統一された人間性をうち砕くようなことはないと訴えていらっしゃいます。『聖パウロ』[7]以来『情勢3』まで、あなたは「聖書と古代と亡命を起源とする」ユダヤ民族を、まさしくこの普遍的な厳命を先祖代々受け継いできた場として、また常に更新可能なものとして、血と大地の拒絶という原則を持ち続けている特権的な存在としていらっしゃいました。このあなたの意見に対して、ここ数年来、ジャン＝クロード・ミルネール[8]やアラン・フィンケルクロートのような知識人に代表されるように、それを厳しく批判する見方があります。彼らに言わせると、ユダヤの名を普遍性の原理そのものとすることは、それが仮に知的に洗練された形であっても、結局はユダヤの崩壊を促すことに等しいそうです。この点について、それぞれお話ししていただけますか。

フィンケルクロート　フランソワ・フュレ[9]はこう書いています。「時とともに薄れるどころか、アウシュヴィッツの犯罪は、民主主義意識の否定的な付随物として、またこの否定性が行き着くところの悪が具現したものとして、一層の陰影を持つようになった」。アラン・バディウ、あなたは俗っぽい民主主義者ではありませんから、あなたにそのような侮辱は申し上げません。しかし、一九四二年、アロン[10]にとってヒトラー戦争が意味したものは、「自由国家」をとるか「独裁帝国」をとるかでしたが、あなたにとってはそうではなく、「〔差異のない〕人類はひとつ」をとるか「〔個人の〕アイデンティティの明確な主張」をとるかなのであって、そういう意味で少なくとも私の目には、あなたは時代の民主主義精神の代表として映ります。それゆえ、あなたはシオニストであるユダヤ人を、遊牧民《ノマド》的で世界を渡り歩くユダヤ人としての使命を裏切り、イスラエルとともに、血と大地という退行した道、すなわち定住と自民族主義を選択したとたいへん非難しています。そしてこうです、あなたの本から引用します。「イスラエルはユダヤ人の名にのしかかりうるもっとも重大な脅威である。第二次世界大戦後、聖なる再生を果たしてきた延長線上でこのユダヤの名が意味を持つとすれば、それはイスラエルという国家から根底的に袂を分かち、この国家がその本質的な相貌からして、いかにしてもユダヤの名を許容せず、その名にふさわしいものではないと認めた場合だけである[11]」。人を同定しようという熱狂に捕われた人類はユダヤ人に躍起になった、なぜならユダヤ人は捉えがたく、何者にも還元しえなかったからです。すると、今度はユダヤ人の方がアイデンティティという悪魔の誘惑に屈し、ユダヤ人という特異性の殻に閉じこもってしまった。何たる無念！　何たる損失！　何たる怠慢！　しかし、あなたはこのような遺憾な糾弾に留まることなく、さらに深くこれを掘り下げました。ユダヤ人が分断の防波堤を築き上げているそのときに、民族間の反感や憎しみの壁を取り去ろうと告げる鐘がなった、というのは古い話です。非常に昔からある論争で、あなたが見事に表したように、聖パウロにまでさかのぼります。そして、自分たちがどこについて、何について話しているのかさえわからないあの多くの超民主主義者たちとは違い、アラン・バディウ、あなたは首尾一貫しています。あなたは再度、堂々とアブラハムの子孫に対する訴訟の予審を行いました。先祖伝来受け継がれてきたものを誇り、自らの系譜を偏愛し、新約聖書の普遍的なメッセージに耳を貸さない、この地上のユダヤ人に対してです。ローマ・カトリック教会は対話という平和的な声を選び、ピウス一二世の列福を告げるという嘆かわしい過ちを犯したとはいえ、(12)今ではユダヤ教を過ぎ去ってしまった過去の宗教のひとつとしてではなく、時を経て、生きた存在として影響力を持つ宗教として見ています。その一方で、攻撃的なパウロ神学が、あなたの庇護を受けて、急進的《ラディカル》民主主義勢力のうちに移り住んでいます。もっとも破壊的な神学がもっとも無宗教的な哲学を公認しているのです！　レヴィナスは言っています、「ヒトラーの反ユダヤ主義は根源的な神話を援用し、ユダヤ人に自分たちの存在が許し難いものであったことを思い起こさせた」。そして、あなたは聖パウロとホロコーストをあわせて考察し、ユダヤ人に彼ら固有の根源的な神話を放棄して普遍的人間になるよう命じている。あなたが真っ先にユダヤ人を人種差別から守ろうとするであろうことに疑いは持ちません。しかしながら、あなたはユダヤ民族主義やユダヤ教を人種差別として、いやそれどころかすべての分離主義者、すべての排他主義や人種差別の母体《マトリクス》であるかのように憎んでいらっしゃる。では、このような予期せぬ非難に対して、私は完璧に同化したユダヤ人であったレイモン・アロンの密かな告白を対立させましょう。「万が一、いまだ伝統に忠実なランベルヴィル〔フランス北東部ロレーヌ地方の町〕で暮らしている祖父の前に姿を現さねばならないとしても、彼の前で恥じたくはない。私はもはや彼がそうだったようなユダヤ人ではないが、ある種の忠実さは失っていないところを彼に見せたいと思っている」。戦後生まれの私には、祖父母はおりません。それでも、私もやはり忠実でありたい、それはあなたが私にまとわせたような使命に対する忠実さではなく、わが同族と呼べる人々に対する忠実さです。彼らは私を見ています、そして私は彼らに報告をしたい。以上が、あなたに申し上げたかったことで、数年来考えていたことです。

バディウ　ああ、家族！「わが同族」ですか！あの実に誠実なカミュもまた、自分の母親か正義か、どちらか選ぶことを望みませんでした。しかし、それは脇に置いておきましょう。私は先ほどあなたが発した、私の語彙とはまったく異質の一語をとりあげるところからはじめたいと思います。私が「あらゆる人種主義の母体」であるとして、ユダヤ人を責めているとおっしゃいましたが、その際、あなたは私の思考にはまったくなかった用語を使われました。人種という概念は、この件ではまるで関係ありません。あなたにしろ、私にしろ、ユダヤ人問題を人種の問題だとは考えていないように思います。よろしければ、その点はアイデンティティに関わる反ユダヤ主義や人種的、生物学的な反ユダヤ主義、その原型にナチズムを持つ反ユダヤ主義の方に置いておきましょう。私は前提として以上のことを言いたかったのです。というのも、ただ単純に、私がユダヤ人をなんらかの人種的な母体としているとか、人種差別の廉でユダヤ人をとがめているなどという主張を受け入れることはできないからです。そういったことはすべて、私にとっては意味を欠いています。問題の所在は別のところにあります。その問題は、これもはっきり言っておきますが、そのようにユダヤ人になされた特別な勧告を表すような性質のものではありません。私に関して言えば、自分は国際主義者《インターナショナリスト》であり、この用語の一般的な意味で言えば共産主義者です。従って、概括的には国家の消滅に賛成です。それにこれまでの人生では、イスラエル国家以上にフランス国家について比べようのないぐらい悪く言ってきましたよ。

先の世界大戦の後、ひとつの民族から発してひとつの国家が創造されました。その民族に属する多くの知識人がそれを求めたからで、この点はヨーロッパの歴史において重要なことです。なぜ彼らはそれをよしとしたのか、また自分たちのユダヤという存在に誇りを持つことをよしとしたのか。なぜなら、その民族は国家的ではなく、離散的かつ横断的で、そのような特徴を持つがゆえに優れて普遍的であり、普遍性ゆえに結集されたからです。だからこそ革命的な共産主義の運動に、大量のユダヤ人の存在があったのです。ナチの虐殺者は、ただやみくもに「ユダヤ－ボリシェヴィズム」のことをいつも口にしていたわけではないのです。この普遍性こそ、この国際主義《インターナショナリズム》こそ、ナチスがヨーロッパの地表から消失させたかったものなのです。たとえ私が「ユダヤの国」を自称するこの国家を創造するにいたったもっともな理由を知っていたとしても、私にはこの建国は人類全体の精神的喪失としか思えないのです。あなたは退行という言葉を発せられました。実際、人類のあらゆる戦略的な進歩が脱国家、少なくとも部分的な脱国家の達成度によって、またさらにはマルクスが「自由協同組合《リーブル・アソシエーション》」と呼んだ形態に向かってどれだけ前進したかによって計られている以上、あのような出自と目的を持った国家の創造が何らかの進歩を表象するとは私には考えられないのです。

最後にもうひとつ指摘しておくと、聖パウロ自身に関することで理解しておかなければならないことがあります、なにしろこの人物は論争の渦中にありますから。前にもわざわざ書いたことですが、聖パウロの中で私の気を引いたのは、「福音」の特異な内容ではありません。あれは聖パウロにとってはキリスト復活の要約でしたが、私にしてみれば寓話にすぎません。従って、聖パウロが書いたものに真の普遍性があると見なすのは行き過ぎでしょう。実際、出来事が虚構であるとなれば、キリスト教的普遍性はそれ自身、虚構の普遍性です。従って、私は聖パウロを普遍性の一例だとは見なしていません、普遍性に関する理論の一例と見なしているのです。普遍性の一般条件になりうることについて考えた人として聖パウロは私の関心を引いたのであって、キリスト教の創始者としてではありません。その点について、当然ながら私はキリスト教が他のどの宗教よりも普遍的価値を持ち得たとは見なしていません。そこで、われわれの議論の争点を三つの点から再検討してみたいと思います。一、私にとって特殊性という問題は決して生物学的範疇には属しません。要するに、その特殊性は伝統や国家のうちにおいて存在理由を持ちます。二、ユダヤの特殊性――私にとっては断固として肯定的な意味での特殊性ですが――、それはユダヤの民が国家と取り結ぶ関係が歴史的に特異であったという点に起因します。そこには普遍を可能とする一種の局地化があるわけですが、よくよく考えてみればそれは共産主義と等質のものなのです。実際、私にとって解放の論理が要請するのは、国家の影響力から政治を解放することであり、権力という恐るべき魅惑からの政治の解放なのです。三、最後に、聖パウロという人物像が私にとって興味深いのは彼の理論が内包する影響力のためであり、まったく宗教的なものではありません。聖パウロにおける出来事、真理、普遍性との間の抽象的な相関性が興味深いのであって、教説そのものへの関心とは別物です。

フィンケルクロート　現実の解放は、あなたが描き出した道筋を辿ることはありませんでした。マイケル・ウォルツァー(13)が実に明確に指摘した通り、「政治社会に民衆を招きいれるや、とたんに民衆はそれぞれの言葉や記憶、慣習、信仰や忠誠心をともにする集団に分かれ、組織化された状態が生じる」。民主主義的実践は存在する民衆 demos がひとつではないことを示しました。ですから、私には民主主義がその本質的な部分を失わずに国《ナショナル》という枠組みを超えられるということに確信が持てません。それに加えて、二〇世紀というドレフュス事件の世紀、大虐殺の世紀にあって、ユダヤ人に国家というオプション以上に正当なものはありませんでした。イスラエル・パレスチナ紛争に関して言えば、解決がこれほど困難を極めているのは、ユダヤ人がひとつの国家《ネーション》を形成することにこだわったせいではありません。種々の事情の中でもとりわけ、パレスチナ側の国民的アイデンティティが確実なものでないという点が挙げられます。

ハマスとファタハの紛争は単に国内の敵対するふたつの過激派間の対立ではなく、パレスチナ人にとって望ましい政治組織の形態をめぐる争いです。一方はウンマ oumma〔アラビア語で、イスラムの民族、共同体、国家を意味する〕を叫び、他方は国民国家《ネーション＝ステート》を唱えます。私たちはここに、アイデンティティの揺らぎという非常に大きな問題を見出すでしょう。この困難はもちろんイスラエルや、そのイスラエルの入植を進める政治にも起因しています。しかし、いつかイスラエル人が自らの民族的《ナショナル》アイデンティティを崩壊させた暁にはこの紛争も終わるというのは、真実ではありません。逆に、パレスチナ人の大多数が明白に、国家《ネーション》〔という形式〕に賛意を見せたときには、それは大変な進歩だと言えるでしょう。彼らがそのような決断をとるとは確信できませんが。

バディウ　あなたはここでふたつの、まったく別の問題を扱っていますよ。ひとつは、解放を目指す政治における国家の問題。もうひとつは、現在のイスラエル・パレスチナ紛争の現状をめぐる問題です。このふたつの問題の関係は明らかではありません。最初の点について、あなたがおっしゃったことの矛盾をぜひとも明らかにしましょう。あなたはまず前世紀の解放政策は初期に予告されたような国際的《インターナショナル》な形式をとらなかったとおっしゃいました。しかし、まさしくこうした政策が国家的《ナショナル》な形式の中で被嚢化しているという事実こそ、明らかにこのような試みに対する否定的な総括の原因を成しているひとつなのです。しかも、その点はかなり早い時期に察知されていました。なにしろレーニン自身と、それ以上に国際主義[14]ユダヤ人であるトロツキーは、当初、当然ながら革命的勝利がロシア内部のみに留まるという仮説に賛同していなかったんですから。たった一国内での社会主義というのは典型的なスターリンの発明ですよ、違いますか。国際主義があらゆる解放政策の本質的な所与だというのは、非常に単純な理由からです。あなたは国民国家の利点を褒めちぎっていらっしゃいましたが、歴史的にみればそのような国民国家というのは新しい枠組みで、明らかに資本主義的競争原理の発展に適応したものでしたし、またそうであり続けています。その上、いくらあなたがこの点について過小評価なさったとしても、国民国家はおぞましい戦争の責任を逃れることはできません。国民国家なしに民主主義は成り立たないとのことですが、それは今後の成り行き次第ですよ。逆に、確実に言えるのは、国民国家は植民地主義や戦争とは実にうまい具合にやってこれたということで、今後もそうあり続けるということです。未だに、そして絶えず、国際規模の戦争が国《ネーション》という枠組みの周辺で、この枠組みの存在から、それをめぐって起きています。従って、いかなる解放政策も、つまり何らかの形で人類の運命の普遍的表象に結びつくような政策はどんなものでも、今日、国という枠組みが描き上げている分断や競争、敵対、そして恐るべき不平等の中に閉じこもるような形への後戻りは不可能であるという考えを、私は断固として支持しつづけます。二〇世紀の社会主義的実験が独裁や圧制に陥ってしまったことについては、ある程度はこれらの試みが国という枠組みの遺産をここ、かしこで受け継いでいたことから、正当に非難できるでしょう。スターリンのロシアはコミンテルンを国民国家の発展の道具としました。そして、この国家が「社会主義の祖国」と見なされていますが、このような言い方は撞着語法です。二〇世紀の総決算——一方ではおぞましい帝国主義的国家間の戦争、そして他方ではただ一国内における社会主義という試みなど——あらゆる事件を盛り込んだこの総決算は、われわれを再び原初の国際主義、マルクスの国際主義へと導くことになるはずです。すなわち、「プロレタリアートに祖国はない」というテーゼを引き受けない限り、全人類の解放はないのです。以上が、最初の一点目に関する答えです。

ふたつ目に関しては、私が言うことにおそらくはあなたは驚くでしょう。私はあなたがなさったイスラエル・パレスチナ紛争に関する分析に、完全に反対ではありません。あなたがジャン゠クロード・ミルネールから引いてきた言葉を使って言えば、個人的には私は進歩主義者ではありません。進歩主義者というのは、親パレスチナ派であり、ふたつの国家という解決法を、今日ではどちらの国家がその「解決法」の実際の土台にあるのかもたいしてわからないまま、支持している恥ずべき人々です。パレスチナ人の側に政治的、集団的怠慢があり、それが状況を袋小路に陥れている大きな原因であるというご指摘にはまったく賛成です。それに、よくご存知だとは思いますが、私のような普遍主義者はハマスのような類いの勢力に賛同することはできません。これらの宗教に則って構成されたと主張する政治グループは、用語のもっとも悪い意味でのアイデンティティ集団、閉じた特殊性の典型に属していると思います。彼らはイスラエルの極右勢力とシンメトリーをなしています。激烈な敵対関係にありながら、両者は言葉のもっとも狭い、もっとも閉ざされた意味で理解された共同体のコンセプトと、果てしない闘争を諸とする展望《パースペクティヴ》を同じくしています。以上の点に関しては、私たちの間で意見は一致しています。その上で、次のように判断することは可能でしょう。パレスチナの地にユダヤ人の民族的拠り所を創設するというのはまったく奇妙なことで、それがしっかりとした根拠もないまま、宗教的、歴史的「理由」というものによって裏打ちされている、と。このような国家創設は、もし背景に植民地という歴史がなかったならば、受け入れがたいことであったと示すことも出来るでしょう。しかし事実、この国民的基盤、この国家は、創造されました。これは事実であって、それを取り消すことはできません。いやはや、私はパレスチナ人たちが、かつて卑劣な形で追いやられた大地や町や村を完全に奪還するときに立ち会えるときがくるようには思えません。ヨルダン川西岸地域のすべてのイスラエル入植者の立ち退きでさえ、私には正当かつ理解できる要求に思えるのですが、歴史的にみればそれは理性的とは言えないようです。あちらを往来したことのある人なら誰でもわかりますが、入植者はそこにいるのであり、さまざまな手段でそこに留まりつづけるでしょう。そうである以上、私は二民族国家《ビナショナル》という形態へ向かわなくてはならないと強く主張しておきます。繰り返しますが、ハンナ・アレントもこのような立場でした。私も同じ立場です。それが明らかに平和と進歩へ舵を取るやり方に見えるからです。私のように比較的最近、ガザ地区で恐るべき戦闘状態にあった時期にあちらに赴いたことのある人には、なぜ共同体がその多種・多様性の中で共存できないのか、まったくわかりません。そのような共同生活の様式を見つけだすことはまったく可能です。想定しうる憲法草案はほぼ無限にあります。ここフランスでも、よそでも、古びた国《ネーション》の消失へ向かうことにはすべて賛成です。またアイデンティティによる分断状態を打開し、実りの多い共存状態をめざす動きにも、すべて賛成です。国家が多民族的になればなるほどよい。もしイスラエルに天才的な政治家が存在して、パレスチナのユダヤ人に新たな輝かしい未来を約束していたなら、この政治家は自分の政権にアラファト(15)を呼んでいたでしょう。

ランスラン　イスラエル・パレスチナ問題に関して、アラン・フィンケルクロート、あなたがずいぶん前からふたつの分断した国家の問題解決のために運動なさっていることはよく知られていますが、それは当然ながら二民族《ビナショナル》からなるひとつのパレスチナを創設するためではありませんね。この大いに問題性を孕んだ二民族国家パレスチナ設立について口にすることさえなく、そもそも原則としてそれをお認めにならないのはなぜですか。

フィンケルクロート　民族的《ナショナルな》要請は、民主主義的要請に結びついています。ハンナ・アレントを引き合いに出されましたが、『人間の条件』(16)〔一九五八〕のどこかで彼女は言っていました。民主主義はすべての制度のなかで、一番おしゃべりな制度であると。たしかに民主主義において、決定は議決次第です……。

バディウ　見かけはね。

フィンケルクロート　見かけとはいえ、これもいくつかの条件のもとでしか実現はしません。人は空気に向かって、空中で考えを放つのではありません。ある市民会議がそれなりの地位を得るには、共通の言葉、共通の記憶が必要であり、前提が必要であり、世代から世代へと織りなされてきた共に生きる技が必要です。人間は交換可能なものではありませんし、国境は単なる出来の悪い、超克していくべき歴史の印でもありません。あなたがこういう考えをお好きでないことを承知で言うのですが、国境は私たちの有限性を証言しているのです。またそれは人間の多様性を示してもいます。〈他者〉がいるのです。〈同胞〉ばかりではありません。それゆえ、パレスチナとイスラエルとの間で唯一正当と言える和平は、両者の分断を経ることになるでしょう。この分断は、当然ながら、イスラエル国内にパレスチナが存在する形で成立するのが適しているでしょう。そもそも、このような分断はすでになされています。今の状況からすると、解放されたパレスチナ国内にイスラエルが存在するという形での実現はより困難なように見えます。しかし、この分断は、現実の民主化された生活と将来的な和解との、ただひとつの条件です。他のあらゆる解決は欺瞞に満ちています。なぜならイスラエルにおいてアラブ人が大部分を占めるとなれば、すぐにもユダヤ人はじつに堪え難い状況にやられ、「ひとり一票」の原則はその場合まるで現実性をもたなくなるでしょうから。ハンナ・アレントをお出しになったので、私の方でも彼女を引き合いに出して、ここでの問題を展開させてみましょう。まあ、私たちはここにイスラエル・パレスチナ問題を解決するために来ているわけではないですが、それでも殴り合いで終わるようなこともなく、この主題について議論ができてほっとしています。私たちは共に、ほぼ冷静にここまで話してきましたが、それでもやはり非常に難しい主題です。というわけでハンナ・アレントですが、ヤスパースに関する論文の中で、次のような言葉を書いています。私はこれを非常に美しい言葉だと思いますが、あなたのご判断に任せましょう。「ちょうど男性と女性が、相互に絶対的に異なるものであることによってのみ人間として同一でありうるように、すべての国の国民は現にあるがままのものであり続け、かつそれにあくまで固執することによってのみこの人類の世界史に参加することが可能となる。世界帝国という専制のもとに住み、一種の美化されたエスペラント語で話したり考えたりする世界市民とは、両性人間に劣らぬ怪物であろう」[17]。今日、技術はわれわれにありとあらゆる奇形や混交が可能になると約束していますが、それが果たしてわれわれのたどるべき道なのか、私には確信が持てません。

バディウ　いいですか、この〈同胞〉と〈他者〉の問題に関して私が思うのは、他性というのは結局のところ打ち消しがたいということです。他性をなしている要素には、伝統や遺伝、身体資質の違い、性差などがあります。すでに一個人でさえ、数えきれないほどの違いを束ねたものです。脆いのは〈同一であること〉の方であって、それこそが人類の創造物であり、ゆえにほとんど存在していないものなのです。ですから、まるで急務の最優先事項であるかのようにすぐさま他者性に気を配り、個々のアイデンティティの擁護に心を砕くというのは、問題の論理を完全に逆転させています。当然ながら、国際主義の実現はとてつもなく長く、複雑で、デリケートな作業となるでしょう。パレスチナ領においての二民族国家の樹立に関しては、今のところ私には政治的手段が見出せません。ただ、少なくともそれは大多数のパレスチナ人の政治的立場なのですが、彼らの組織はほとんどこの大多数を代表していません。それから、これは少数の勇敢なイスラエル人たちが展開している政治的姿勢でもあります。しばしばそういうことがあるように、彼らが未来を担っているのです。私の立場は、おぞましい他者性に抗して〈同胞〉の偉大さと権威を賞揚しようというものではまったくありません。他者性こそ遍在的なのです。そして他者性こそ事物の法則なのです。ですから、問題は他者性に打ち勝つことではなく、何かひとつ〈同一〉を創り出すことであって、その内部でこそあなたが言及した「ともに生きる」ということも意味を持ってくるのです。また人類の創造的未来はその〈同一〉の可能性を拡大することにあります。なぜならその可能性を制限することは、共同体の内的な利潤を示すことがままあるにしても、同時に共同体に対する恐ろしい外的危難を作り出すことだからです。共同体というのは――この点についてヘーゲルは正しいことを言っていますが――、互いの対立や絶え間ない競争や、骨の折れる堪え難い交渉を経る以外に、自己を主張することはできません。従って、歴史を通して、あるいは創造や正真正銘の新しい創意に関する思想を通して人類に開かれた展望が、〈同一〉を拡張していく方向に進んでいくのは、まったく明らかなように思えます。それは、まちがっても他者性という閉鎖の方向ではないでしょう。いずれにしろ、この他者性の諸権利は誰の目にも明らかで不可侵なものとして、事物の性質に刻み込まれています。以上が、まず申し上げておきたい一点目です。

次に、あなたとは逆に、私はデモクラシーの概念が国という閉域と結びついているとはまったく思っていません。私の個人的な経験では逆になります。今日では、マリの労働者たちと話し合う以上に、ともに話し合うのが難しいと感じる同胞はかなりの数にのぼります。これは間違いありません。〔共有できる〕言語や伝統、世代間の継承、そして領土性や国境などの必要性を熱心に求める人々が極右の政治的波長に身を置いているというのは否定しがたいことです。彼らはまったく民主主義者ではありません。まったく違います。同一性《アイデンティティ》の民主主義は存在しません。それはごく単純な理由で、事物を編成しているものが他性なのですから、この他性を乗り越えていくことに関して、しっかり議論がなされなければなりません。二人の人間の間でさえそうです！　愛情関係においてだってそうですよ！　愛がたどる道筋とはつねに、何らかの形で別のものの中に多様性を取り込んでいく何かを発見していくことなのです。多様性をつねに存在させておくこと、つねに、自身を超えても現前する多様性、これこそ私が思想と呼んでいるものに固有の性質です。さて、同一性への回帰は、あなたの著作のタイトルからひとつ取り上げていえば、つねに思想の敗北を刻み付けています。(18)　思想の敗北とはいつでも、乗り越えがたいアイデンティティの壁に阻まれ変化できない状態のことを言うのです。それに対して、肯定的な思想が新たに発案し、創造しうるものは、同一性を、ヘーゲル的な意味合いで「止揚」します。つまり、同一性をそれ自身よりも一層大きなパノラマのうちに組み込むのです。結果として、この点に関しては状況と規範とを区別することが必要となります。イスラエル・パレスチナ問題を再び例にとれば、われわれもその状況を知っています。非常に高圧的で、武装化し、諸問題を征服者の野蛮さでもって扱っているのがイスラエル国家の状況です。それから、もう一方のパレスチナ共同体は、途方もなく分裂、解体され、ほぼ無力な状態で、実際に今日そうであるように、問題解決に効果的な対話者をつくり上げるにいたっていません。ざっと、これが現状です。しかし、私は、状況を規範に変化させる輩には属しておりません。あなたはおっしゃいました、「諸現実を考慮する」と。それが今ある現実を超えて行くためなら、それも良いでしょう。でもそれは、これまでの繰り返しから、そうなるべきものの規範をつくりあげるためではありません。伝統を頼みの綱とするのは、しばしば、実に単純に、繰り返しに頼るということです。われわれは従って中東の状況に対して、ひとつの規範を得る必要があります。さて、私は「二民族国家」と言いましたが、それは状況に照らし合わせたひとつの調整的思考で、別の見地からその状況を見つめる手段と捉えています。同様に、それがどんな所であろうと、ある空間で人々が一緒に生きていけると考える方が、生きていけないと考えるよりつねに好ましいと思っています。仮にそれが些細で、まだはじまったばかりであろうと、彼らがそう出来るような状況をこそ、われわれは支え、応援していくべきでしょう。

フィンケルクロート　彼らがそれ〔共生〕が出来ないというのは間違いです。イスラエルにアラブ人はいますが、それに対して、現実に立ち戻ってみましょう、アラブ諸国にユダヤ人はいませんし、そこでのキリスト教徒の立場も徐々に予測不可能になりつつあります。〔法王ベネディクト一六世の〕レーゲンスブルグ講演後、[19] ヨルダン川西岸地区では暴力的なデモが起こり、教会に銃弾が撃ち込まれました。

バディウ　そうですね。ただ、パレスチナ人に対してもたくさん、しかも強力に打ち込まれたということは忘れないでいただきたい。比べようもないぐらいより広範な規模にわたってです。一応、申し上げておきたいのですが、こんにちでのイスラエル・パレスチナ間での死亡者数の比率は一対一〇〇です。それを頭に入れておかなくては……。

フィンケルクロート　それを考慮に入れることに関しては、まったく賛成です。ただ私が言いたいのは、「一緒に生きる」という定義において、オーストリアのマルクス主義者たちが彼らの間で運命の共同体とか性格の共同体と呼んでいる点について、軽視なさるべきではないということです。人間にはそれぞれの歴史があり、それはすべての人にとって同じではありません。私たちは新しいものを生産しますが、自分たちが受け取ったものから生み出すのです。何ひとつとして、自らの創造者ではありません。だれもが自分に先立ち、また自分を超えていく世界に組み込まれています。同一性はそれ自身のうちに閉塞する恐れがあるというのは、それは本当です。政治団体でも平等で、開かれていることが重要です。しかし帰属に関わる領域がうやむやにされたり、それが犯罪視されるというなら、繰り返しますが、レヴィ＝ストロースはいたる所で褒めそやされているのに、彼の偉大な教訓はないがしろにされていることになります。『野生の思考』の著者は、ヨーロッパ人を諌めました。蒸気機関車やいくつかのテクノロジーの革新を鼻にかけ、それを理由に自分たちを世界の他の民よりも優れていると主張したからです。植民地主義に対する罪悪感をかき立てつつ、レヴィ＝ストロースはいわゆる原始的な文化の営みとその豊かさを明らかにしてくれました。とはいえ、このアカデミー・フランセーズ会員による西洋的普遍主義批判は、〔ヨーロッパ〕文明の特殊性に対する実にロマン主義的な優しさを伴っていました。すでに一九七一年、信じがたい大胆さで、レヴィ＝ストロースはユネスコである講演を行いました[20]。それは時代を画するものであり、たいへんな物議をかもしましたが、彼はその講演で次のような態度を人種差別と混同するような言語の濫用に反旗を翻したのです。それは「ある個人、あるいはある集団がなんらかの価値に忠実であるがゆえに、他の価値に特別に感覚が鈍くなってしまうような態度［です］。ある生き方を他のすべての生き方の上位に置くことや、また生活様式それ自体は尊重すべきものであっても、それが伝統的に愛着を抱いている様式からあまりにも遠ざかっているため、ほとんど魅力を感じないというのは、まったく咎むべきことではありません。確かに、このような相対的なコミュニケーションの不通が、棄却された価値やその価値を代表する人々を虐げたり、破壊することを正当化はしません。しかし、この程度の状況で維持されている相対的コミュニケーション不通の状態は、なにもけしからんことではありません。むしろこの相対的コミュニケーションの不通は、それぞれの精神的つながりをもったグループや各共同体の価値体系が維持され、それぞれの再生に必要な資源を、固有の土壌に見出していくために支払うべき対価を象徴しているとも言えるのです(21)」。

このレヴィ＝ストロースの考察に全面的に賛成すべきかどうかはわかりません。彼とともに普遍という土壌を放棄し、同化のヴェールを打ち捨て、もっぱらわが文明の価値の名において、耳障りなものと闘うことにはためらいを覚えます。しかしいずれにしろ、私はレヴィ＝ストロースにおいて、〈他者〉への熱狂だけを讃えることを拒否しますし、混血の一般化という反人種主義の殿堂で彼が行った地球規模の画一化に対する批判の中に、嘆かわしい外国人嫌いの退行を読むことにも反対です。あなた自身がおっしゃったように、資本主義が雑多な混淆状態、未分化状態へと向かっている時代に、レヴィ＝ストロースの思想のこのような側面に汚名を着せるのも、また彼が守り通したいと望んでいる存在様式の領域に忘却のヴェールを投げかけるのも、完全に首尾一貫しない行為です。

ランスラン　あなたがレヴィ＝ストロースについておっしゃったこと、それから言葉のあらゆる意味において限りある世界、つまり尽き果てる可能性だけでなく、いま実際に果てつつある文化世界が残してきたものに対するメランコリックな展望、さらにそうしたものを超えて、レヴィ＝ストロースには人は絶対に無から運命共同体を創造することは出来ないという思想があります。私たちには、何らかの形ですべてを一掃してしまった後に社会を再建することはできないし、ただひとつのシステムから社会を創造することは絶対にできないという考えがあります。「任意のある社会は、まずそれが持つ過去や、風習、しきたりから作られる。つまり、理論的思考が激しく攻撃する、非理性的な要因の総体からなるのだ」と、書き得たわけです。そうなると、レヴィ＝ストロースが、その当時では非常に特異なことですが、マルクス主義に与するのを拒否していたことを、やはり正当化することになるでしょう……。

バディウ　いやいや、あなた方は二人とも私が絶対に口にしないことを、あたかも私が言っているかのようになさいますね！　共同体やアイデンティティを忘却するとか、それらを無に帰すとか、あるいは何か新しいものを無から創造するとか。それは私が言っていることでもなければ、ついでに言うと、聖パウロが主張していたことでもありません。聖パウロは共同体があると言っただけではなく、こうも言いました。ある共同体の人々と交わるときは、心して彼らのなすようにせよ。ギリシャ人とともにあればギリシャ人のように、ユダヤ人とともにあればユダヤ人のように、云々。従ってここでは、何もないところから集団的総体を出現させることができるとは誰も想定していません。私がしている提案、私の哲学の核心はまさしく、特殊という条件を維持したまま、どのようにしたら新たな普遍性が可能になるかという問いにひとつの解答を提案していることにあります。どうも理解に苦しむのは、私があたかも無から生じてきた普遍性とそこから分離してきたらしい個を観念的に対抗させているようにおっしゃることです。もともと私が言っていたのは、個しか存在しない、ということです。しかも、その点は『聖パウロ』にも書いています。聖パウロはこう言いました。ユダヤ人もギリシャ人もない。しかし実際には、それしかない、とも言っているのです。ユダヤ人とギリシャ人とローマ人しかいないと。彼はこのふたつを同時に言っているのです。私には、そこが聖パウロの面白いところで、抽象的な普遍性と諸共同体の分離に興味があるのではありません。私が他性も同一性も集団性も知ろうとしないかのように、意味をずらして非難するのは勘弁してください。

フィンケルクロート　しかし、そうは言っても、あなたはこう書いておられますよ、「伝道者パウロから、スピノザ、マルクスあるいはフロイトを経てトロツキーまで、創造的普遍主義がユダヤ人共同体主義《コミユノタリズム》を基底としたのは、この共同体主義との新たな切断点を生み出すときのみである」……。

バディウ　まったくその通りです。そして、特殊の内部で生じるあらゆる創造は、必然的に特殊性との断絶という規約《プロトコル》を含んでいます。あなたが共同体との切断点がありうることを否定なさるのは、共同体の閉鎖性を容認なさっているからですよ。

フィンケルクロート　そうではありません。ただ、あなたが讃えていらっしゃるユダヤ人たちは自分の帰属を放棄したのだという点を指摘しているのです。非ユダヤである限り、彼らは良いユダヤ人だと言うことです。創造的普遍主義はそのようなユダヤ性の放棄という犠牲を必要としていません、その点はたとえば、ヘルマン・コーエン[22]やローゼンツワイク[23]、レヴィナスらの作品が物語っている通りです。

バディウ　しかし、いくらなんでも、ある宗教の特殊性が同一性《アイデンティティ》の規範として維持されているときに、普遍主義が十全に作用しているとお考えではないでしょう！　そうだとすれば、ハマスやヒズボラがアラブのアイデンティティを構想し、そこから超越的な価値を作り出すやり方を、あなたは誰よりも良く理解なさっているんでしょうね！　特殊性をなしている要素で普遍性による断絶に本質的に抗するものとして、非常に長い間、国家、閉鎖的集団性、それに旅やノマディズムの不十分ということがありましたが、それと、やはり完全に本質的な形で宗教というのもありました。当然ながら、啓蒙哲学の伝統においては、現代的普遍性と――私が話しているのは古代ギリシャや〔古代〕ユダヤの普遍性ではありません――、ある宗教的あり方の特殊性を、グローバルかつ局所的に信奉し続けていくことはまったく両立しません。だからこそ、私が引き合いに出した人物は皆、さまざまなやり方でユダヤ的伝統との断絶を、彼らの宗教形式において引き受けてきたのです。それは現代的ユダヤ人たちです。しかし当然ながら、彼らのうちの誰ひとりとして、ユダヤ人として同定されたり、同定しうると見なされたり、彼ら自身が自分たちをユダヤ人だと同定し続ける妨げにはなりませんでした。

フィンケルクロート　私には、あなたがそこからまた、肉体を持ったユダヤ人と精神的なるユダヤ人というパウロ的で神学的な大きな対立項の延長に行くように見えます。だが、私はその対立項に入りたくありません。

バディウ　まったくそんなことありませんよ。

フィンケルクロート　いや、そうですよ！　あなたにとって、一方には自分たちの宗教やアイデンティティに執拗に執着する血統ユダヤ人がおり、もう一方には、自分たち自身から離れ、〔ユダヤ性から〕解放され、それと縁を切ることで栄誉を救うユダヤ人がいる……。

バディウ　それは全然ユダヤの特殊性じゃありませんよ！　怒りに燃えたフランスのナショナリストの誰かだって、それ以上に普遍主義への心の準備は出来ていないでしょう。それに実際のところ、一九四〇年にペタン派フランス政府のナショナリスト的言説に抗して、フランスの「栄誉を救った」人々の大多数は国際主義者《インターナショナリスト》でした。中でも東ヨーロッパから来たユダヤ人たちです。さて、あなたは「肉体を持ったフランス人」――しかも、これはペタンが絶えず引き合いに出していた言葉ですね――と、〔フランス性から〕解放され、それと縁を切ることで栄誉を救う「精神的なるフランス人」とを区別していると苦情をおっしゃるでしょうかねえ。この点では、いかなるユダヤ的な特殊性もありません。「栄誉を救う」者というのは、いつでも、いたるところで、国や直属する共同体への帰属性よりも普遍的な規範を上においている人たちのことです。それでも、是が非でもこの点でユダヤ人的例外性があるとおっしゃいますか？

フィンケルクロート　いえ、いえ、でも、こうは言いましょう。ド・ゴールは、普遍主義への覚悟は非常にしっかりできた人物のひとりでした。チャーチルも同様でしょう。しかしながら、彼らはどちらもしっかり腰を据え、地に根を張った人物です。自分たちの歴史を生きていて、彼らには自分たちの国の神髄がしみ込んでいますよ。

バディウ　ド・ゴールは、ペタン派の対独協力やアイデンティティの硬直状態に対抗するある種のフランス普遍主義を体現できたかもしれませんが、それは彼がとりわけコミュニストとの協調体制を、国家としても発展させ、拡張を進めることを受け入れたことが大きかったからですよ。それが真実です。そして、そこがド・ゴールの特異な点でもあるわけで、必ずしも彼のナショナリズムのためではありませんよ。というのも、もしそうしていなかったら、彼は内部のレジスタンスとつながることが出来なかったでしょうし、今のように解放者の顔にはなれなかったでしょう。彼自身が自分の最初のフランスの概念を断ち切る必要があったんです……。なぜなら、率直に言って、共産党員と同盟を結ぶというのは、彼の究極の目的〔テロスtelos〕の中には、つまり、あの部分的にモーラス[24]によって教育された彼の軍人的特異性の中には入っていないのですから。

フィンケルクロート　それでも、これは認めてくださいよ、独ソ不可侵条約という陰惨なエピソードの後、共産党員は著しく愛国的な発言や態度、感情に適応しなければならなかったですよね。それについては、とくにアラゴンのすばらしい詩が証言しています。

バディウ　しかし、アラゴンの愛国的な詩で、何が普遍性の要素でしたか？　周知の通り、それは共産主義そのもの、それは〈党〉でした。再度、彼の文章を引用しましょう。「わたしの〈党〉はわたしに　フランスの色を返してくれた」。それは共産主義からフランスへと向かうのであって、その逆ではないのです。

ランスラン　もうひとつ、この議論の延長線上で、ご意見が分かれるテーマなんですが……。アラン・フィンケルクロート、あなたが『他者の名において――来るべき反ユダヤ主義についての考察[25]』の中で、二〇〇五年にお書きになった考えは、少なくともまだ議論の余地があるでしょう。あなたによれば、進歩主義陣営[26]はあきらかに新たな反ユダヤ主義の温床になる、中でも、この陣営の言説を根底で支えている「交配のイデオロギー」がその原因だ、というものです。このような知的態度は数年来、いささかラディカルに傾いた〔左派の〕解放の政治政策全体を一気に失墜させるために便利に用いられているそうですが、そのような事実に敏感にはなりませんでしたか？

フィンケルクロート　『他者の名において』は、次の事実を公式に認めているのです。すなわち、今や純血のフランス人や、そのようなフランス人であることを誇りに思っている人たちが、ユダヤ人以外に還元しえない異質性を非難している段階ではすでになく、交配の布教者たちこそイスラエルがアイデンティティというわがままに閉じこもることを危惧しているという状況です。今や、ユダヤ人が同化し得ない一民族、あるいはさらにひどく反《アンチ》‐民族を形成していると非難するのではありません。法学者モニク・シュミリエ＝ジャンドゥロー[27]のごとく、人々はこう明言しているのです。「ユダヤ国家という思想の上に居を構えようというのは、アパルトヘイト社会の建造を追求することであり、相互性という名の下に、世界中いたるところで〔民族的に〕混じりけのない国家樹立を認めるということでもあります。そのような気違い沙汰は常に殲滅と隣り合わせであり、それを行動にうつすこともしばしばです」。この批判は反ユダヤ的ではなく、反人種差別的です。しかし、人種差別は長いユダヤ嫌いの歴史の中の短い、黙示録的な一時をなしているに過ぎません。こうして今日、ある非常に古いお決まりの繰り言の新しいヴァージョンを耳にするようになりました。ユダヤ人、それは新約の布教に抵抗する者たち、〈新たな契約〉、つまり人間的友愛に否《ノン》を突きつける者たちである。もはやユダヤ人がひとつの民族を形成することは非難されません、しかし、また再び、かつてユダヤ教に関して教父学の教えにあったように、ユダヤ人は盲目的愛国主義で排他的かつ差別的なうえ、ある人に言わせれば人種差別的でさえある民族を形成していると非難されているのです。やはり、それが現在の不満の意味であって、もちろんイスラエルはこの論争の中心にあるわけです。

ランスラン　このユダヤ人に対する不満というのは、実のところ、もうひとつのまったく逆の不満と常に同居しています。確かにユダヤ人たちはそのような〔自分たちだけで排他的民族集団を形成している〕点で非難されていますが、同様に、どこにも同化せず、位置づけられないし、位置づけ不可能で、まさしくあらゆる共同体を横断しうるという点でも非難されています……。

フィンケルクロート　おっしゃる通りです。しかし、私が取り上げた〔ユダヤ人に対する〕苦言というのは、聖書の地、すなわち数々の罪を負った地にユダヤの国家が存在することで、再び勢いづいてきました。非常に古くからある旧約聖書への嫌悪が突如また浮かび上がってきて、どうやら一番宗教的ではない思考様式を侵してしまった。これがパウロ的左翼主義が意味するすべてです。そして、この主義が広く支持を集めている。最近、イスラエルとイラン両国のフランス大使館で文化相談役を務めていたジャン・ソレールが書いた博識の書『一神教の暴力』を読みました。(28)この著者は、果てはナチズムのイデオロギーにいたるまで、この暴力が作動していくのを見ています。「ヒトラーは、『わが闘争』のなかで強く主張した原則を国家社会主義政治に適用する決意を固めた。一切の妥協もなし、中途半端な間に合わせもなしで。一回で、確実に、ヨーロッパにいるすべてのユダヤ人を消滅させることを望んだのだ。それは、すべてか無か、という論理だった。エリコのイデオロギーだ[29]」。

振り出しに戻ったわけです。すなわち、皆こう断言しはじめました。ナチの犠牲者は、自分や彼らの祖先に苦しみを味わわせてきたナチと同じことをする権利を自分たちに認め、結果的にナチと同じように振る舞っていると。次に、ヒトラーがモーセの弟子であることを発見しました。ソレールはそれを、西洋における聖書モデルの影響と呼んでいます。ユダヤ人たちが呪われた民族でなくなったとたん、彼らは人種主義者になった、あるいは人種主義者に戻ったのです。さらには、世界における人種差別的ヴィジョンの考案者であり、その普及者とみなされました。これは実に沈鬱にさせる情勢ですが、アラン・バディウ、あなたにご安心いただくために言っておきます。こうした情勢も、三〇年前から私が守ってきた一線、すなわちふたつの民族にふたつの国家という一線を逸脱させるのは無理です。ですが、和解は入り組んでもつれた状態をほぐすところからはじまります、つまりグリーンライン[30]に接しておらず、また領土交換の対象となり得ないすべての入植地からの撤退です。私はこうした政治姿勢から、歴代のイスラエル政府を批判し、彼らがまさしくヤセル・アラファトに向けてきた次のような批判をそのまま彼らに返すことになりました。「彼は好機を逃すチャンスを決して逃さなかった」。

バディウ　お話をうかがっていて思い浮かんだのは、「進歩主義者」という言葉があなたのおっしゃるような意味なら、私は進歩主義とはいかなる類いの類縁関係も持っていないということです。まず第一に、私はユダヤ人に対して一言も苦情を持ったことも、それを口にしたこともありません。そういう類いの思考法にはまったく無知です。ユダヤの民について話はしていますが、それはわれわれの〈歴史〉において聖なる名であるということを言うためでした。ここで、例の『情勢3』から（狂信的な一派が反ユダヤ主義というレッテルを貼りつけたあの本ですが）言葉を引かせてもらいましょう。「以上のように、肉体的に凄まじい形で打撃を受け、永きにわたる現実の中で、たとえばポーランドのユダヤ人コミュニティが被ったように、しばしば消滅にもいたったユダヤ人のアイデンティティは、その名が歴史的に聖別化され、また帰属と内在性に新たな力を得ることで勝利を遂げたのだ。われわれの思想と歴史をこの名に結びつけている重要な結び目が、すべての人にとって明らかになったのだ[31]」。本の先のほうを探してはいけません、この引用は一四ページにあります。これが唯一ユダヤ民族について語った箇所で、良い点数をもらえる出来だと思っているのですが。イスラエル政府の政治批判は可能です。私の考えでは、彼らは「ユダヤ」という名を道具化し、完全にユダヤの民の運命の外側にある政治思想問題に対処している。しかし、ユダヤ人に対して苦情を申し立て、彼らにあだこうだと言い立てるというのは、明らかに反ユダヤ主義がちらつく思想に早々に陥っていることを示しているでしょう。私に関していえば、問題はそこではありません。私が問うているのは、普遍性と特殊性との関係はいかなるものかということで、ユダヤ人らと同様、他の限定された集団に関しても同じことを問うています。一般に現代の世界において支配的な特殊性として立ち現れてくるのは国家という表象においてであること、また今日の普遍性と特殊性の弁証法が必然的にこの問題をめぐってなされることもわかっています。イスラエルは、ひとつの国家としても、この問題を経験しているのであって、それはフランス国家とまったく同じです。この問題に関して、例外はありません。それは「ユダヤ人はああである、こうである」と申し立てるような行為と相容れないばかりか、むしろ正反対だとさえ言えます。私にとっては、ユダヤ的特異性は、まったく異なった特異性として捉えられるべきものです。つまりその特異性とは彼らの歴史を受肉していくのです、殲滅の歴史、ユダヤ民族離散《ディアスポラ》の歴史、そしてその後に続く歴史と。ですから、私はあなたが先ほどおっしゃったようなことにはまったく関係しておりませんので、聞いていてひどく衝撃を受けました。

フィンケルクロート　でも、あなたはやはりいくらか進歩主義者でしたよ。

バディウ　ほお！　どの点でそうなのか言ってもらえますかね？

フィンケルクロート　『情勢3』に再度戻ります。より正確には本の最後のテクストです。これはあなたではなく、セシル・ウィンターの言葉ですが(32)、あなたはそれを受け入れ、紹介しています。つまりあなたはご自分の責任でそれを取り上げているのです。では、そこで何が言われているのか。「ユダヤ」という言葉は、新たなアーリア人たちの主のシニフィアンだと言うのです(33)。どういうことかと言うと、ユダヤの名を比類なき集団虐殺《ジェノサイド》の永遠の犠牲者を指すものとして通している連中は、実際には大虐殺を犯した人間の継承者だと言うのです。従って、この名は彼らに黄色の星ではなく、鍵十字の腕章を身につけることを余儀なくしているのだと。〔このような〕論理は知られています。ただ、通常は「ユダヤ」ではなく「シオニスト」という言葉が使われます。この〔ユダヤという〕言葉がここまで直接的に非難されたのは、ずいぶん久しぶりのことでした。

バディウ　セシル・ウィンターのすばらしいテクストをお読みになれば事足りるでしょうし、お読みになれば恥ずかしく思われるにちがいありません。なにしろあなたは実にしばしば大変良い読み手でいらっしゃるのだから。まず、明白なのは、彼女が「新アーリア人」と比しているのは、ユダヤ人たちではありません！　それは今日、より優れた文明を代表していると宣言する連中のことであり、彼らの民主的かつ消費社会的な文明は、いたるところに推進される権利を持つばかりか、独立国への軍事介入も含め、推進されるべきものとされているのです。彼らの価値体系は、成果と利益信仰を巡って構築された、完全に特殊で異議を唱えられるべきものであるのに、それをすべての人々が尊重し、模倣すべき「近代性」であると見做している連中です。自ら、そして人々から西洋、西洋人と呼ばれている連中のことです。セシル・ウィンターが示していますが、すべての民にとって、そして誰よりもまずユダヤの民にとって最大の不幸だったのは、「ユダヤ」という言葉がこの西洋の途轍もない傲慢さの主のシニフィアンになってしまったことで、その権力中枢に米軍がいるわけです。こうなったのには、ふたつの理由があげられます。ひとつ目は、実益政策 Realpolitik で、イスラエル政府は核軍備を備え、歯の先まで武装して、いくつもの地域紛争で勝利をあげ、現在まで（実に残念な選択ですが！）この西洋的傲岸さを代表し、中近東で警護役として振る舞ってきました。「イスラエルは地域で唯一の民主主義国家だ」というプロパガンダの謳い文句には、その意味しかありません。というのも、これが意味しているのは、イスラエルはこの戦略地域における「西洋」の前哨部隊であるということなんですから。もうひとつの理由は、ナチスによるヨーロッパ・ユダヤ人の大虐殺への一種の致命的な信仰を経由して、破廉恥にもあれほど多くの死者の上に腰を据えた民主主義的西洋のプロパガンダは、自らも重要な、他に比する者のない犠牲者であるという保証を得ようとし、さらにはそうやって、残忍な犯罪やいたるところにまき散らされた信じがたいほどの悲痛、まったくの成功裏に終わったいくつもの大虐殺、先例を見ないほど山積みとなった内外の戦争・紛争、要するにこれらの口にしがたい、未だに続いている暴力を忘れさせようとしています。そして西洋はこうした暴力を通して自らの勢力と支配力を作り上げて来たのです。これらの出来事すべてにおいて、「ユダヤ」という言葉が言語道断な目的のために道具化されているのです。「文明化された」西洋の主のシニフィアンとなったこの言葉は、もっとも同時代的な形を取って行われる帝国的暴力のための心を揺さぶる歴史的な口実として機能しているわけです。こうしたすべてに対して私は言いますが、セシル・ウィンターはこの「ユダヤ」という言葉を徹底的に擁護しようとしています。国家的・帝国的な操作からこの言葉を保護し、これが指し示す正真正銘の存在に、すなわち赤広告のレジスタンスの闘士たち[34]へ、同じく既製服製作所の労働者たちへ、またボリシェヴィキの革命家たちと同じく貧しいポーランドの農民へ、大学知識人と同じく安息日のために集まった伝統的な家族へ、この言葉を取り戻そうと提起したのです。

ですから、セシル・ウィンターのテクストは、何であろうとユダヤ人たちに反対を唱えて終わるのではなく、まったく逆に、それぞれの特殊性を備えた全体化し得ない総体としての、ありのままのユダヤ人を、一連の固有名を列挙しながら賞賛しているのです。それでも、このテクストにつきまとっている黒い伝説に反対するために、その最後を引用しておきましょう。セシル・ウィンターはパウル・ツェランの『山中の対話』から次の言葉を引用し、それを引き受けます。「山中を、かれ、自分が属する山麓の低地に住まわせられていたかれ、ユダヤ人は、やって来た、やって来た[35]」。そうしてから、セシル・ウィンターは言い切っています、「ユダヤ」という言葉に対する、西洋の新アーリア人と彼らの帝国的な「文明」による致命的な道具化に抗して、論文の結論の重要な部分を引用しますと、「口にできない名[36]の側に立つ立場に立たねばならない。シュムエル・ズィギェルボイム、ルドルフ・ヴルバ、ロバート・ウェイプレス、ラビ・ベンヤミンあるいはモルデハイ・アニエレヴィッツとツビア・ルベトキン[37]……。口にできない名を持つ人たち――皆それぞれ、こうした人々のリストを延長することができるだろうが――、彼らは難なく見いだすであろう、低地で生かされた人々とともに残ることを進んで選んだ人や、また低地にふさわしいとされた人々に身を尽くし、すべての人のために彼らの名を光り輝かせている人を」。これ以上にすばらしい敬意の言葉をユダヤ人に向けるのは不可能でしょう、いかがです？

同じ観点から指摘しておきますと、「『ユダヤ』という言葉の射程」という副題を持った『情勢3』を攻撃してきたのは、私がこの言葉について言おうとしたこととはまったく関係のない人たちで、実際、彼らはまったく違う闘いをしています。それはまさしく「ユダヤ」という言葉の積み荷を、西洋的「文明」擁護に固定しようとする闘いです。より明確に言えば、またアラン・フィンケルクロートの語彙に近づけて言うと、この人たちの関心は、実際には現実のユダヤ人や、彼らの歴史や彼らが被った大虐殺を下敷きに、ある反進歩主義を打ち立てることにあります。そして、この反進歩主義はあなたが非難している反人種差別とは対称的に機能するものです。覇権的で盲目的に反ユダヤであると想定されている「反人種主義」に対して、あるグループが一丸となって反進歩主義を掲げて対抗しているのですが、この反進歩主義においては、「ユダヤ」という言葉は確かに、主のシニフィアンとして、人に烙印を押すにも値する威嚇的な言葉として機能しているのです。実際、反ユダヤ主義者として扱われるような状態にだれが進んで身を晒すでしょうか？　この言葉は西洋的「民主主義者」にとっては無敵の武器なのです。しかし、私は絶対にこのようなプロパガンダの脅しに屈しません。それに、アラン・フィンケルクロート、私が思うに、あなたご自身、この点を用心なさるべきではないですか。なぜならこの反進歩主義は、正真正銘、今日の政治の顔のひとつとなっているからです。進歩主義とまったく同様です。そして、あなたが進歩主義に対してなさっている苦言の一部は、反転する形で、今日の反進歩主義が追い求めている実質的性質や機能、目的といったものについて、あなたへの警告になっているだろうと思うのですが。問題はですよ、人々がアイデンティティをおもちゃにしはじめ、主のシニフィアンとして同一性の証しとなる名に自分たちが組み込まれる時、その名が「ユダヤ」であろうと、「ドイツ」や「フランス」であろうと、人々は容易にそこに自分そのもの以上に同一性を見いだしてしまうことです。

フィンケルクロート　私としては、どんな目的も追求していませんし、アイデンティティで遊んでいるとは思っていません。私は正直言って、あなたが「『アウシュヴィッツ』という言葉を、さらに一般にヨーロッパ系ユダヤ人の大虐殺を、自分たちの『民主主義』の宣伝活動用の営業権としているプロパガンダの一群」と称するにいたった人々の中に自分が含まれるとは思いませんし、そのような人をだれひとり知りません。私の遺伝的特性にも関わらず、私には営業権などありません。ただ私が言いたいのは、ひとりのユダヤ人にとって、「ユダヤ野郎」扱いされるのもひどいですが、それ以上にイスラエルへの連帯感を示したからといって、それで「アーリア人」扱いされるのはもっとひどいということです。この通り、それだけのことです。ですが、そのような状況を前にした場合、やはりされるがままでいないこと、しっかり持ちこたえることは重要です。私にとって問題は、周囲の進歩主義に抗して、反進歩主義的イデオロギーを選ぶということではなく、この種の非難には決して屈しないことなのです。実際、私はこうした非難を非常におぞましいものだと思います。

バディウ　では、反ユダヤ主義者扱いされるのを、どう思われますか?

フィンケルクロート　堪え難いですね。

バディウ　それでは、いいですか、進歩主義者の間ではユダヤ人を人種主義者と見なすほど――私はいかなる点でもそのような流れには与しません――、反人種主義が推し進められていると言うのであれば、同じようにかなりの数の反進歩主義者が、相当にいい加減なやり方で反ユダヤ主義者という非難を操っていることをあなたは認めねばならないでしょう。その最良の例が、この一部の反進歩主義陣営による私が反ユダヤ主義者であるという非難です。

フィンケルクロート　あなたのおっしゃる方向に話を持っていくために、ある作家を引用しようと思います。おそらくあなたはお読みなったことはないと思いますが、読まれる価値はある作家です。私はこの作者が「罪深い考え」を表明したかどで非難された際に、進歩主義の攻撃の嵐と、保守派の非難の高波に対して彼を擁護しました。その作家とは、ルノー・カミュです[38]。彼は反ユダヤ主義〔という語〕に関して、それは「言葉による絶対の武器」であると言いました。罵倒にしろ、ほのめかしにしろ、それが「ただ一度でも発せられたら最後、完全に敵は抹殺される、知的討論からは追放され、文字通り彼は消滅するのだ」。反ユダヤ主義という言葉を放棄することはできません。なぜならその事実が存在し、執拗にあり続け、国際的な場でも表明されているのですから。しかし、確かに最大限に注意を払うことなく、この言葉を使うべきではありません。

バディウ　しかしそれなら、あなたに私の救助にひとっ飛びしていただきたかったですねえ。だって私も同じ類いの盛大な反対運動の犠牲者のひとりでしたから。しかも、事が私に優位に運ぶようには、ご自身の才能を発揮してくださらなかったのではと危惧しているのですが。なにしろ、あなたは私を進歩主義者とみなし、つまるところユダヤ人たちに対して、でなければ少なくともユダヤ教に対して疑わしい位置にあるものと間接的に共犯関係にあると見なしておいでですから。このようにあなたに言うのは、もちろんそこから個人的な取引をしようというのではありませんよ、なに、ほんの冗談です。そうではなくて、こうあなたに言うのも、どうも私にはあなたが手に負えない不均衡な状態を実践していらっしゃるように見えるからです。あなたには見えていないのか、あるいは見ようとなさらないのか、とにかく今日の反進歩主義には、あなたが進歩主義に対してなさった非難と大いに比肩しうるような、いくつかのひずみがあります。ある反進歩主義の領域全体がイスラム教徒やアラブ人たちに適用している待遇と同様、実に多くの問題があり、その広がりは今日まったく由々しき事態にまでなっていますが、あなたはそれを考慮にいれないようにしていらっしゃる。あなたがご指摘した怪しげな進歩主義が存在する点にかなり賛成はできますが、あなたの方でも、ある点においては、同じように疑わしい反進歩主義がそれと対をなしているとお認めになればの話です。両者は互いに向き合っており、両陣営の争いそのものが知性ある人々の腐敗を招いている。だから私はあなたと一種の取り決めのようなものをしてはどうかと思うのです。私はあなたが定義なさったような進歩主義の陣営から完全に身を引きたい、もし偶然にもあなたがまだ私のうちにそのような進歩主義の形跡を見つけたとしたら、私はそれを直すようにする。だが同じようにあなたにも反進歩主義から身を引いていただくのです。

フィンケルクロート　もちろん、そのような平和路線は、あらゆるのどかな詩歌《イディル》と同様、じつに魅力的ではありません。しかしながら、私はそれに抵抗するでしょう。というのも願わくばひとつの陣営に属することなくありたいからですし、あなたが打ち立てようとなさった〔進歩主義と反進歩主義との〕対称関係に手放しで賛成はしかねるからです。私も「一粒の塩を利かせて《コム・グラノ・サリス》」〔機転を利かせて、おもしろく脚色して〕、言うことにしますが、私自身が人種主義者として扱われ、非常に激しい反対運動の標的となり、ある人たちが私にフランス・キュルチュール[39]とパリ理工科学校[40]の職を辞すよう要求してきた際、あなたもやはり私の味方はしてくださいませんでしたよ。まあ期待はしておりませんでした、当然のことだったでしょうから。ただ、私がつねに望んでいたのは、おそらくあなたが被った災難後にこの思いはさらに強まったのですが、それはあなたと話し合いをはじめることでした。より明確には、互いの相違点の真相を浮かび上がらせ、互いに思考の自動化から抜け出すこと、実際、そのような知的怠慢が非常な猛威をふるうこともあり得る状況で、双方が知的怠慢から抜け出すことでした。

バディウ　私には、あなたがなさっている進歩主義の分析の中に、まさしくある民族共同体的な思考の自動化が存続しているように思えるのですが。そのために、アラブ諸国やイスラム原理主義グループ、私としてはためらうことなくファッショ的と見なしている連中ですが、彼らに適応すべき規範をイスラエル国家やイスラエルの極右グループにも同じように適応すべきであるという点から、あなたは目をそらしていませんか。反人種主義者はあまりに反人種差別的であるあまり、イスラム原理主義にさえ好意的に見え、ユダヤ教やひいてはユダヤ人に対しては、どこかいかがわしい敵対関係にあるように見えるとおっしゃる。私の方でも、反進歩主義に関してまったく同じことが言えますよ。しかもあなたは反進歩主義側の完璧な代表だとは言いがたいですね、私が進歩主義側でそうでないのと同じでしょう。まさしく私たちは周縁で議論しているわけですから、この機会を利用すべきでしょう。実際、その怪しげな反進歩主義者たちは何をしていますか？　一方で、彼らはイスラエル国家への好意を際限なく表明している、イスラエルの野蛮な行為や軍国主義化が明らかであるにも関わらずです。他方で、自分たちと同意見でない者すべてに反ユダヤ主義者という形容詞を用いて、その連中の信用を汚すのです。あなたは、自分はイスラエルの政治を批判できるし、［イスラエルとパレスチナの］ふたつの国家を樹立する計画を本当に支持しているとおっしゃるのですから（もっともこれはイスラエル政府の政治方針ではありません。実際にはイスラエルはパレスチナ全土で自国の軍事権を維持することしか支持していません）、この中立和平を受け入れるということがお出来になると思うのです、それもわれわれそれぞれの特異性を失うことなくです。結局、それこそ普遍主義なんですよ！　新たな真理は、そこに組み込まれている特異性を無化することなく結びつけることが出来るんですよ。

フィンケルクロート　そういう意味なら、中立和平を受け入れましょう。そうなると次のふたつの要請は、どちらか一方が欠けるようなことがあっては絶対にならないですし、そのようなことは途轍もなく難しい状況だと思います。すなわちイスラエルを敵から守ること、そしてイスラエルにもその責任の一端はありますが、今この国が入り込んでいる政治的袋小路に対して、明晰な批判意識を持ち続けるということです。しかし私は、今日の世界において、イスラエルに割り当てられているイデオロギー的な役割について、その危険性をそのまま棚上げすることも出来ません。それは何人かの進歩主義者たちが賛同している役割です。私は「イデオロギー」と言いましたが、ハンナ・アレントがこの言葉に与えた意味を想定しています。すなわち、ある思想の不可避な論理作用です。それがアーリア人の賛美とユダヤ人嫌悪に限られるなら、反ユダヤ主義思想は、忌むべきではあるものの、ひとつの無責任な意見に過ぎません。しかし、現在の歴史、そして過去、未来の歴史は、ユダヤ人たちの策略によって説明できると言い出せば、これはイデオロギーとなります。そして、イランのアフマディーネジャード〔前大統領〕からベネズエラのユーゴ・チャベス〔前大統領〕まで、地上で逆境にある者たちの代弁者を自認している連中にとって、イスラエルはまさしくモーラスにとってのユダヤ人なのです。つまり、解釈学的に大変なもうけ物だというわけです。モーラスはこう書いています、「この反ユダヤ主義という恩寵がなければ、すべてが不可能か、恐ろしいほど困難なことのように見える。しかし、この恩寵のおかげで、すべてに片が付き、道は均《なら》され、単純明快になった。愛国の意志から、反ユダヤ主義になるのでなければ、単に〔その方が〕都合がいいという理由で、人は反ユダヤ主義者になっただろう」[41]。じゃあこの反ユダヤ主義という言葉を反シオニズムに置き換えてみてください。それから愛国の意志というのを第三世界の民衆に対する正義の意志と換えてみてください。すると反人種主義と人種差別撤廃を謳った国際会議がふたつばかり出てくるでしょう、国連の後押しを受けて開催された二〇〇一年のダーバン会議と二〇〇九年のジュネーヴ会議です[42]！ その時、すべてが明らかにされ、すべてが意味をなすようになりました。そしてもっとも抑圧的な国家は自分たち国家の下劣さや停滞を普遍的罪人に押し付けることが可能になったのです。アジアやアフリカ、アラブ諸国の女性や同性愛者、少数派の宗教に属する人々の状況が問題になるや、すぐさまイスラエルが誹謗の的になりました。これほど熱狂的な誹謗者がこれほど便利な悪魔を諦めて、近々自分たちのパートナーとして、あるいは人間並みの敵と見なすようになると期待するのは無邪気すぎるでしょう。

西欧社会はそこまで誹謗の打撃はうけていませんが、このような論法の非難から完全に逃れているわけではありません。レバノン内戦を考えてみてください。この内戦で一五万人近い死者が出ました。内戦は一〇年以上に渡りましたが、フランスやヨーロッパで、その何を記憶に留めていますか？ サブラーとシャティーラです[43]。このむごたらしい出来事は他のすべての虐殺、パレスチナ人によるキリスト教徒の虐殺、シリア軍統制下でのキリスト教徒によるパレスチナ人の虐殺などをすっかり覆い隠してしまいました。しかも、このサブラーとシャティーラの殺戮に関しても、人々はもっぱら（こう言ってよければ）シャロン[44]とイスラエル軍を盾に、その首謀者たちの質と扇動者の名前も忘れています。この扇動者とはエリー・ホベイカといい、一九九一年から一九九八年まで親シリアのさまざまな政権で大臣を務めました！　一度として、彼は世論に弾劾されることはありませんでしたし、一度として、国際司法機関に脅かされることもありませんでした。以上が人々の共有する感性と記憶が行き着いたところなのです。進歩主義者に関しては、彼らがそのまま分散することはありませんでした。二、三の表現を別にして、彼らはダーバンの反人種差別を自分たちの圧政批判の中に取り込んだのです。

ランスラン　しかし、それはフランスではごくわずかだったことは認めていただけますよね。自ら「共和国の原住民[45]」の名乗りを上げていた人ぐらいで、彼らもしばらく前から話題に上がることはなくなりました。この国のダーバン進歩主義者たちは今どこにいったんでしょう？あれは率直にいって、ごく少数派のグループでしょう……。

バディウ　そうですよ、まじめに心配するには及ばないでしょう。代わりに、今日、イスラム原理主義を国際情勢の責任であると見なしている知識人やフランスの政治家の文献をひとまとめにしたファイルを作りませんか。そこまで〔進歩主義と反進歩主義との〕対称関係を押し進めるべきでしたね。反進歩主義陣営にもスケープ・ゴートはあります。彼らは世界の情勢全体を是が非でも〈西洋〉と〈イスラム〉の文明戦争によって説明をつけます。そのような方向性でなされた声明文の分厚い束を毎日でもお届けしますよ。それなのに、なぜあなたはイスラエルを邪悪な存在であるとする側の存在にそれほど気を使われるのでしょう？　一方で、あなたはイスラム原理主義を地球のあらゆる悪の原因であるとする陣営の圧倒的な存在には無関心、いや好意的でさえある。

フィンケルクロート　イスラム原理主義は確かにあらゆる悪の原因ではありませんが、しかしその脅威は現実的なものだからです。

バディウ　本当にイスラム原理主義は世界的な脅威だとお考えなんですか？

フィンケルクロート　はい、そう思っています。

バディウ　あなたはイスラム集団を現代の大きな国家、中国とか合衆国と同じ単位ではかれるとお考えなんですか？　いやはや、とんだ悪ふざけですよ！〔イスラム原理主義グループは〕ファシストの小集団で、それ以上のものではありませんよ。このような「硬派」イスラム集団の脅威の明らかな誇張は、あなたが反進歩主義陣営の視点を共有なさっている証拠です。

あなたは対称関係を望んでいらっしゃいません。ところが、そのイスラム原理主義の話は、これは幻想ですよ、イスラエル国家についての幻想があるのとまったく同じです。このふたつの幻想は鏡像として作用していることを認めてください。これは今日のイデオロギー論争ではまったく明白なことですよ。しかも、ここにはすべてを文明間の衝突と恐るべきイスラム禍によって説明する人の方が、すべてをイスラエルの策略で説明をつける人よりもずいぶん多い。これは保証しますよ。

フィンケルクロート　イスラム原理主義はおそらく現代世界の唯一の問題ではないでしょう、しかし、イランやパキスタンやアフガニスタンの情勢をみれば、これは軽視できない現実です。もしタリバンがパキスタンで権力を握れば、彼らは爆弾を所有するでしょう。そうなってから心配しても手遅れです。イランは、その野望をほとんど隠しもしませんので、近い将来かなりの可能性で核兵器を所有するでしょうが、そうなってからでは、やはり同じように手遅れです。イデオロギーという狭い了見を持ち込まないのであれば、この最終的な軍事技術と狂信的宗教との計画的な遭遇に怯えるしかありません。

バディウ　ファシズム化したイスラム集団が、諸国家と解放政治という企図に、深刻な問題となっていることは、率直に認めます。事実、これらの集団の力は、アラブ世界におけるマルクス主義を糧とする革命政治の目を見張る弱体化に起因しています。この弱体化に対して、西欧諸国の各政権は、イスラム教徒への資金援助や武力援助も含め、ずいぶん時間をかけて対処してきました。しかし、よくおわかりだと思いますが、今、われわれが話し合っているのは、その点ではありません。われわれが話し合っているのは反進歩派がこの脅威を主要な問題の「総体」として、捉えているという事実です。しかしながら、世界の歴史というのは、実際には同時代の経済危機や、ヨーロッパ諸国の目を見張る政治的弱体化、あるいは中国の台頭といったことが主要な要因となって作り上げられています。

フィンケルクロート　その点については、あなたに賛成です。

第三章　六八年五月について

ランスラン　ではまったく別の主題、とはいえ進歩主義の問題と無関係ではない主題に移りましょう。アラン・フィンケルクロート、六八年五月の精神に対して、とりわけこれが学校のような制度にはびこる場合に、あなたがかなり批判的な立場を取っていることは知られています。一方で、あなたの対話者のアラン・バディウの立場も、この主題に対して安易に想定されるほど、熱狂的ではないと思われます。このように、六八年五月の出来事のちょうど三〇周年後に出版された彼のエッセー、『コミュニズムの仮説』には次のような一文があります。「われわれが六八年五月を祝うのは、六八年五月の真の結果、真の主役とは、抑制を解かれた自由主義的資本主義それ自体であるからだ。六八年五月の解放を求める思想、風俗の変容、個人主義、快楽への指向は、ポストモダン資本主義、そしてあらゆる種類の消費活動からなるきらびやかな世界のなかに実現されているのだ[1]」。自由主義＝新自由主義に対する敵意を通じて、アラン・バディウは結局のところ、この「六八年」という困難な出来事においては想定された以上にですが、あなたに接近するのではないでしょうか？

フィンケルクロート　おそらく……。しかし私は、六八年をたったひとつの常套句に閉じ込めたり、フランス社会を苦しめる諸悪の責任を六八年精神になすりつけたりするような愚かなまねはしません。私が告発するのは、セクシュアリティ、文化、学校へと闘争領域が拡大されることです。「私は人間という種の諸悪の根源としての隷属を憎む[2]」とルソーは述べていますが、五月革命の凡ルソー主義にはいたるところで隷属が見られました。それが権力概念の偏在性と全能性への隷属です。それこそが私にとっての六八年の思想なのです。当時、われわれは（私もほんのわずかですが、そこに参加していました）、同様の堕落のなかで、支配と権威、あるいはレヴィナスの表現を借りれば、征服者たる主人と教育者たる師を混同していたのです。われわれは教育を一種の圧制と、教育的行為を象徴的な暴力と、正当と認められた文化を社会内部の力関係によって支配的な位置を占める文化的恣意性と見なしていました。そのことについて、今日では、シモン・レイ[3]にならってこう答えましょう。平等を要求することは、社会正義というその固有の領域においては高貴で崇高な希求であるが、精神の秩序においては災いをもたらすものである。「民主主義は容認しうる唯一の政治システムであるが、まさにそれは政治においてしか適用されない。その埒外では、民主主義は死の類義語である。真理は民主的ではない。知性も、美も、愛も（……）そうだ。真に民主的な教育とは、政策において民主主義を擁護、維持できる人間を形成する教育であるが、しかし教育が属する文化という領域においては、それは貴族政治的かつエリート主義的であることは避けがたい[4]」。ところがこの返答は、昨今の反論がドクサを覆い隠してしまったために、聞きとれなくなってしまいました。反体制的思考が体制のなかで勝利を収めているのです。四〇年前にわれわれが声高に訴えた偶像破壊的なスローガンが、いまでは意志決定者の行動を規定しています。学校を見て下さい。現在の国民教育の監督者にとって敵とは何でしょうか？　それは師の言葉、あるいは彼らが一方向的な教育法と呼ぶものです[5]。五月革命の精神は階級をなくし、規律を廃止し、教壇を吹き飛ばしました。この目覚ましい、遅ればせの勝利をどう考えればいいのでしょうか。それを明快に理解させてくれるのはマルクスではなく、トクヴィルです。『共産党宣言』ではなく、『アメリカのデモクラシー』の方です。つまりそれは形式的権利と現実的権利の対立ではなく、われわれの社会が身を投じてきた平等をめざす道筋を発見することです。

ランスラン　それはそうですが、しかし、それによってむしろ権威の衰退という問題が、いかに六八年五月の問題をはるかに乗り越えているのかが理解できます。それは何よりも大衆民主主義社会の到来と結びついた普遍的な動きです。

フィンケルクロート　その通りです。一九六八年は断絶ではなく、加速なのです。ヒエラルキーの最終防衛拠点は占領され、形式は四散し、民主主義はわれわれの世界に残る格差を取り壊しました。大人と子供、男性と女性、われわれはこれらの境界が消滅するのを目の当たりにしましたが、さらにまた文化と娯楽の境界も消滅しました。というのも正当とされる文化とは、支配的な文化に他なりませんから。それからは、交換可能なものが支配するようになります。したがって連動したふたつの任務が必要でしょう。ひとつは社会正義の名において、さらなる平等を求めて戦うこと。フィリップス社の従業員や工場労働者は工場が閉鎖されるというような運命的な出来事をその前日に知らされたうえ、四五〇ユーロでハンガリーへの再就職口を斡旋するという厚顔無恥な提案をされたのですが、彼らに起こったことを見れば、考えられるのはただひとつのことでしょう(6)。すなわち社会正義は実に今日的な話題であるということです。しかしもうひとつの任務がわれわれに絶対的に求められています。これは、あえて口にすれば、私の場合にはすぐにも「反動的」と形容されかねないものでしょう。すなわち民主主義を制御すること、世界が未分化状態に陥ることを避けるために、平等主義への情熱を抑制することです。

バディウ　ここでもまた、私は皆さんが期待するほど、鮮明に対立姿勢をとることはないでしょう……。それは次のような理由からです。結局、われわれが一致しない点とは、いくらかエリート主義的で、貴族的なあなたの考え方のなかで、政治に対してだけ完全に民主主義的な例外を設けている点です。それはなぜでしょうか？　なぜ、思想として、集団行動の規範として、また、それがひとつの歴史を有しているがゆえに発明でもある政治が、あなたの一般原則である、価値を有するものは民主主義的な性質を持たないという原則から外れているのか理解できません。あなたは愛や芸術に触れましたが、科学や知を挙げることもできたでしょう。なぜあなたは「真理」と呼びうるものに関して、政治を例外状態におくのでしょうか？　数の論理ではなく、世論の揺らぎにも従属しないものが「真理」であると了解したうえでという意味ですが。それが重要な点です。実際、あなたの立場は矛盾していると思われます。あなたが見抜いた弊害は、トクヴィルがそれを完全に理解していたように、実際には、民主主義的イデオロギーによる絶対的な支配の結果なのです。それには、とりわけ政治の領域が含まれます。あなたは国家権力の顔である社会組織ほど本質的なものが、数の論理によって生じることを容認していますが、それでいてどうして、政治以外は数の論理によって本質的なものが生じないように、どこまでも望めるのでしょうか。この数の論理が平和か戦争かを、経済危機への対応を、またどんな権力形態にするかをも、その他もろもろ決定すると知っていて、どうしてあなたは学校が最終的に数の論理を取り除くのに抵抗することを望めるのでしょうか？　学校において、あなたをそれほどまで惹きつけているものが徐々に破壊されつつあるのは、学校の大衆化に起因することは誰もが知っています。民主主義が――われわれの社会でそのように考えられている民主主義が――学校を破壊したのは、明白です。したがって私はあなたに大いに同意してもよいのですが、しかしあなたはご自身の立場に対してはそれほど徹底的ではありません。あなたは民主主義への批判をその中心、その核心をなすもの、つまり民主主義政治へと向けなければなりません。こうした見方において、私はあなたよりも厳格です。

フィンケルクロート　ええ、どうもそのようですね……。

バディウ　わたし自身、その語の西洋的な意味での民主主義者であるとは思いませんし、つまりよく知られているように、平等主義的な政治の、いかなる実質的な支持者も決して民主主義的ではありませんでした。そこにはあなたが引用したルソーも含まれます。「彼らは自由であることを強いられるだろう」[7]。これがルソーの思想の権威主義的な核心です。あなたが強調する真の問題は、私に言わせれば、平等と政治的民主主義の間の内的関係です。あなたはまるで平等の可能性の本質は民主主義政治であるかのように考えていますが、それはまったく立証されていません。あなたは「社会正義」とおっしゃいましたが、しかし実際には現代の民主主義から自然に現れた最初の結果は、平等ではなく、怪物的な不平等性です。残念ながらそうなのです！　したがって民主主義と平等との間に共犯関係が存在するというのは真実ではありません。それにシャトーブリアンはどこかでこう書いていました。平等と専制政治との間には秘められた共謀関係が存在すると[8]。もっともこの言葉は、継起的な世界における平等主義的なあらゆる試みからもより現実的であり、よりいっそう明らかにされているでしょう。わたしが六八年五月で記憶に留めているものは、絶対自由主義的な精神や普遍的民主主義、差異の消滅などではまったくないということを説明してくれる言葉です。わたしが六八年五月から受け継いだもの、それは代議制民主主義とは異なる枠組みにおいて平等主義的であろうと試みる政治的着想です。なぜならわれわれが知っているような、実際には資本主義による寡頭支配に服従した代議制民主主義は、真理を破壊すると同時に、不平等を生み出すのですから。つまり、ふたつの欠陥を併せもっているのです。それゆえ民主主義への批判を政治的、代議制民主主義へと拡張しなければなりません。そして真理と世論の間のヒエラルキーを遵守しながらも、不平等を生み出すことのない政治とはどのようなものでありうるかと問いを立てなければなりません。

ランスラン　アラン・フィンケルクロート、あなたはすでに、これまで繰り返してきた民主主義とそれが結果的にもたらす平均化への批判を、民主主義政治そのものの問い直しへと展開しようとしたのではないですか？

フィンケルクロート　いいえ、まったく。もう一度トクヴィルを参照しましょう。「感情と思想があらたまり、心が広がり、人間精神が発展するのは、すべて人々相互の働きかけによってのみ起こる」[9]。ご存じのように、そして幾度となく言われているように、トクヴィルは自由主義的な思想家です。バンジャマン・コンスタンとともに、彼は「必要性から、個別的、独立したものとしてとどまり、権利によってあらゆる社会的能力の外にあるこの存在の部分」[10]を擁護します。しかし彼はそこにとどまりません。「だが公共の問題に関わることで、人民の思考範囲は間違いなく拡がり、精神は日常の経験の外に出る」[11]。トクヴィルは、言い換えれば、共和主義的でもあります。彼は人間を政治から解放することを望んでいましたが、しかし彼はまた政治において、人間を自分自身から、日々の煩わしさから、日常的な気晴らしから解放し、疎外から解き放ち、障害を取り除かせる方法を理解していました。そこから、彼の、貴族である彼の、初期フランス革命に対する素晴らしいオマージュが生じるのです。「わたしは、歴史のいかなる時期においても、世界のどこにおいても、これほど多くの人々が誠実にも自らの利害を忘却し、大いなる計画の考察に夢中になり、人間が人生で持ちうるもっとも貴重なものを敢然と危険にさらし、自らの心の小さな情熱を越えて成長しようと自ら努力するのを見たことはない」。

代議制民主主義には、もっぱら個人の独立のために、あるいはトクヴィルがすでに嘆いていたように、消費という小さな快楽のためだけに、政治的自由を市民が放棄するのを目にする危険が常に存在します。しかし存在の非政治的部分に対して、すべての直接民主主義の支持者が示した軽蔑は、わたしにはうさんくさく見えます。歴史がはっきりと示しているように、それが行き着くのは、〈現代〉の大いなる獲得物である私的生活の崩壊以外ありえません。

バディウ　しかしなぜあなたは現在の代議制民主主義を〈現代〉の偉大なる獲得物と見なすのでしょうか、あなたはこのシステムの欠陥を、終始一貫して予測していたのに。いずれにしても、わたしはそのことに驚きを禁じ得ません。どうして、現代の、民主化され、実際すべて代議制に服従している国においてまさに、商品の生産とそれが精神に作用する誘惑の全能性が、まったく抵抗しえないやり方で発達しているという事態に陥るのでしょうか？　資本主義の拡大と代議制民主主義との間には内的な関係があるようです。おそらくそこにはある不可分な結合が、しかも起業の自由によって確固たるものとされた結合があると考えてしかるべきでしょう。あなたが語る排他的な自由もその一部をなしているでしょう。起業する自由とは、組織的な凝集と競合によって完全に圧倒的な権力中枢が作り出されることを意味しています。それは生産と同時に財政の中心であり、自らの論理と固有の利益を有し、あらゆる主体を、市場を前にした消費者として登場させる権力の中枢であるということはよく知られています。マルクスは完全に理解していましたが、そのために、それらの中枢はすべてが「エゴイスティックな打算に基づく凍った水の中で」解消することを望んでいるのです。それが至上命令なのです。したがって、これらの中枢が持つ決定的な機能とは、旧世界の残余金として見なされた諸制度を解体すること、そして、できる限り市場がもたらす喜びに参加することが唯一の共同体であるような分離した個体の細分化を存在させるようにすることなのです。以上の通りです。思うに、あなたにとってこれはどうにもおぞましい世界でしょうが、しかし、残念ながらこう申し上げねばなりません。この世界は、今日では、代議制民主主義の条件であり、その結果であり、その両方であるということです。したがってあなたが保存したいと願っているものは、あなたにすれば本質的に有害なものなのです！　商品の独裁だとか、価値を有するものや商品とは異なるものに立脚したヒエラルキーに属するあらゆるものの制度的解体という事態を補強することのないような代議制民主主義を、どのようにしてあなたが修正しうるのか、私にはまったくわかりません。われわれが知っている政治は明らかに、どの政治党派も同様に、競争によって略奪し、物を消費するものとしての人間という見方が台頭していくのに荷担しているのだという考えに必然的にいたらなければなりません。どの政府も二〇〇九年秋、銀行を速やかに救済しました。なぜなら、まさしくそこで、彼らのシステムの観点を支える中軸が問題となっていたからです。

フィンケルクロート　彼らは銀行を救済してはいません。貯蓄を救ったのです。彼らは一九二九年に匹敵しうる状況が再現されるのを避けたのです。

バディウ　反対はしませんよ！　しかし「資本」の組織的な危機を避けることがそれほど不可欠であったとすれば、それはわれわれが交換と生産というこの組織の無条件な法の下にあるということを意味しているのです。結局あなたが描いた諸現象の総体、つまり思考の敗北、価値のヒエラルキー体系の完全な消失、文化と娯楽の漸次的な差異の消滅、これらすべては商品の勢力による諸効果なのです。あなたがおっしゃるのとは反対に、トクヴィルよりも、マルクスによって圧倒的に先取りされていたものです。つまり自己中心的な計算の凍った水の中で、価値を持つあらゆるもの、あるいは思考にヒエラルキーを課すもの全般の解体です。それこそ、まさに今日われわれが目にしていることなのです。そもそも幾度か語られたことに反して、マルクスの予言的能力は、彼の時代にそうであった以上に、今日において際限なく真実であるがゆえに、優れたものであることを証明しています。あなたが提起したものとは異なる手段によってしか、あなたの目標に達することはないでしょう。一方で、無数のつながりによって実業界の忌まわしい行為に完全にがんじがらめにされた現存する政治システムを維持しようと望んでおきながら、他方でそれが文化や諸価値などに恐るべき効果を発揮すると不満を漏らしたり、愚痴をこぼしたりすることはできません。あなたは新しい世界のなかに古い世界を維持しようと望んでいるのです！　そういうことは不可能でしょう。あなた自身の基準に従えば、経済的、政治的枠組みが同一のままならば、ますます悪くなることになるでしょう。必ずや。

フィンケルクロート　ペギーはこう書いています。「個々の世界は、それが何を取引可能とし、何を取引不可能としたかに基づいて判断されるだろう。現代世界の堕落、つまり現代世界の価値の下落の全体は、現代世界が、キリスト教社会や古代世界が取引不可能とした価値を、取引可能と見なしていることに由来する。そしてこの普遍的な取引がこの普遍的堕落を作り出している」。しかしここで問われているのは代議制民主主義ではなく、というよりは代理＝

代表への憎しみであり、平等主義的ニヒリズムというべきものです。すべては交換可能であり、すべては置き換え可能である、というのもつまるところすべてが平等で等価だからというのです。私が六八年五月の精神と袂を分かったふたつ目の理由は、あなたの話を聞きながらそのことを考えていたのですが、私自身は決して口にしたことはないものの、当時はスキャンダルを巻き起こすことなく耳にしたこのスローガンにありました。「走れ、同志よ、古い世界はすぐ後ろに来ているぞ」。

ランスラン　しかしアラン・バディウが今しがた口にした新しい世界はグローバル資本主義による世界であるように思われます。急いで参加しなければならない、喜びに満ちあふれた未来ではなく。

フィンケルクロート　ええ、しかしアラン・バディウはこの陰鬱な未来に別の世界を対立させ、過去を一掃しようとしています。私は、過去はわれわれに課せられたものであり、われわれはそれを引き受けねばならない、旧弊な世界はわれわれを押し潰すものではなく、もろくて壊れやすいものだと思います。アルベール・カミュがスウェーデンで行った素晴らしい講演で見据えていた方針に私も同意します。「各世代は、おそらく世界を作り直すことに身を投じるべきだと思うでしょう。われわれの世代はそれができないことをよく知っていました。しかし世代の務めはさらに大きいものです。その務めとは世界が解体することを妨げることでありま す[12]」。資本主義は、アダム・スミスが当初からすでに理解していたように、それ自体に世界の崩壊あるいは縮小の脅威を内包しています。「商業主義の精神の不都合とは次のようなものです。知性は縮小し、精神の滋養は不可能になり、教育は軽蔑されるかあるいは少なくとも無視され、ほとんど英雄主義の精神は完全に消え去りそうになっています[13]」。資本主義が支配的になり、その機能に先立つ、あるいはその外部にある原則を消滅させるような社会とは、まさに生きるのが困難な世界でしょうが、しかし、彼らがイニシアティヴをとるための場所は存在しないように組織された社会もまた——われわれは身にしみてそれを知ったわけですが——そうでしょう。それがリベラリズムの真理の一端なのです。

バディウ　言い換えれば、あなたはわれわれの社会のもっとも根本的な公理を、これらの結果に対する苦々しい不満を漏らしながら、確認なさいました。あなたの立場は矛盾していると実際に納得させられました。そしてそのために、あなたの発言はますます憂鬱さを増していくのです。憂鬱にとらわれたあなたの発言はこの矛盾をあらわしています。教条的な民主主義によって、あなたはご自分が執着なさっているものの緩やかながらも、確実な崩壊に、避けがたいかたちで加担しているのです。あなたが固執するもの、つまり競争に生き残るという原理とはべつの原理が、それ自身の存在において生きながらえることができる社会の真の擁護者は、現在の「民主主義者」ではないし、それはありえません。この真理を保護する別の集団的な組織は現存しているものとは同質ではありません。この組織はひとつの断絶によって、ここから抜け出さなくてはなりません。私もその断絶から抜け出す現在の手順はわかりませんが。数の論理だけに基づいて構築された政治は、市場と貨幣に基づいて構築された現実と明らかに同質であるということをあなたが理解しないはずはありません。あなたが固執するいかなる領域においても、数の論理に同意することはできないでしょう。なぜあなたはこと政治に関することになると、すぐさまそれに同意してしまうのでしょうか。政治はひとつの思考、それもあらゆるもののなかでもっとも複雑で高度な思考ではないでしょうか。それはひとつの価値ではないでしょうか。政治が数の論理に服従することがどこに行き着くか、日々目にしていることです。あなたが親しんでいるトクヴィルは、すでに憂鬱そうでしたが、多くの点でそれを先取りしていました。

フィンケルクロート　ええそうです、しかし結局は多数派の感情を軽視する政治がどこに行き着くかも理解しました……。われわれは、それゆえ、二〇世紀の逸脱と恐怖と狂気を考慮せずにはいられないのです。

バディウ　まったくその通りです。しかしこの逸脱や狂気というのは何において、あなたが固執するものすべては資本主義とそれに内在する協力者、つまり代議制民主主義によって腐食させられたという診断を揺さぶったのでしょうか。

フィンケルクロート　私が愛着を抱いているものは、代議制民主主義によって腐食されたのではなく、家族や教育や文化といった、それとは何の関わりもない領域に民主主義の規範を導入する平等主義の動きによってです。

バディウ　しかし待ってください、問題は平等主義の動きではありませんよ!!　われわれは完全に寡頭支配の社会にいるのです。

フィンケルクロート　あなたはそれゆえ寡頭支配を打ち倒すために、代議制民主主義とは異なるタイプの政治体制を強く求めているのですね。あなたが繰り返しおっしゃっています、この名にふさわしい政治とは不平等に対する反抗を宿した政治のみだと。しかしたとえばインターネットの機能を見てみましょう。この新しい現実に照らして、コレージュ・ド・フランスでのミシェル・フーコーの高名かつ魅惑的な開講講義に再び目を通してみましょう。「言語表現の秩序」というタイトルを与えられたものです。フーコーはこう書いています。「その仮説とは、あらゆる社会において、言説の産出は、いくつかの手続きによって、すなわち、言説の力と危険を払いのけ、言説の偶然的な出来事を統御し、言説の重々しく恐るべき物質性を巧みにかわすことをその役割とするいくつかの手続きによって、管理され、選別され、組織化され、再分配されるのだ[14]」と。そして彼は言説の希薄化のこれらの手続きをリストアップし、これらの手続きがもはや通用しなくなるような社会のユートピア性を暗黙のうちに支えにしているのです。さて、このような社会は今ここにあるものです。インターネット上や、ブログ空間では、言語表現の秩序は粉々に粉砕されています。あらゆる検閲が取り除かれています。平等が支配し、自発性が広がり、発言は不用意に漏らされています。代表者は省かれており、もはや管理する媒介は存在しません。人はどんなことでも言う権利を持ち、いかなる状況においても、何でも語ることができる、誰でもどんなことでも語れるのです。真偽はもはや共有されていません。もはや判断の基準はなく、意見だけがあるのです。いかなるものも何に対しても優位に立つことはありません。歴史的事実はそれらの否定と共存し、礼儀作法に残されていたもの、つまり人間関係における他者の優先権は、顔を持たない話者が交わす直接的なコミュニケーションによる眩暈に抵抗できません。阻害が終わり、権威の表象が斬首されることで、礼儀作法は転倒させられました。インターネットとは永遠なる六八年なのです。この空間は再び作法を身につけるのでしょうか。民主主義的帝国主義に対する反抗が必要となるのでしょう。ただこの帝国主義は、そうしたシナリオが検討されうるには、あまりに大きな熱意に立脚しているのですが。

バディウ　あなたはどんな平等が問題となっているかを明示することを忘れています。「平等」とは複数の意見を一般化して等価にすることを意味するのではまったくありません。それは、まったく貧弱な平等の定義です。したがって私自身の本質的貴族主義に立ち戻ることにしましょう。あらゆる平等はそれが参照する真理のシステムに相対的なものです。それなしには複数の意見の間の平等は商品的平等それ自体とまったく識別できません。それはまさに貨幣が交換可能であるように、意見が交換可能であるということです。そしてこの観点から、民主主義に対するプラトンの、おおよそ根拠のある批判に戻らなければなりません。もし社会が意見の交換可能性にのみ基づいて構築されていると言い張るならば、それは容認しうるやり方、あなたの言葉を借りれば、文明化されたやり方で、機能はできないでしょう。彼は明確にそのことを述べており、ご存知のように、私はプラトン主義者です。

ランスラン　つねにそうとは限りません！　二〇一〇年二月にル・モンド紙に掲載された「現代の勇敢さ」(15)と題された計画的な論考で、あなたは仕事の完全な交換可能性に、とりわけ「知的労働と手仕事の間の強迫的な差別化」の終焉を訴えていました。こうした社会秩序の捉え方は、かなりプラトン主義者的とは言い難い企てだと思われますが……。

バディウ　一般的なプラトン像は、思考を真理の番人として定義した人です。労働の分割というギリシア的概念に連帯を示す特殊なプラトンも存在します。私ははっきりと後者よりも前者を支持します。後者について、テクストを間近で読んでみると、彼の信条は強固なものではありません。人類は職務の厳密な区分ではなく、個々の労働が持ちうる多目的性に基づいて根拠づけられた集団的秩序を構築することができるという考えは、私が先ほど平等について述べたことと何ら矛盾するものではありません。多目的性とは当然のことながら人類一般にとって目指すべき目標です。とりわけ階級闘争の起源となる手仕事と知的労働の間の有害な区別を取り除くことが肝要です。普遍的な多目的性とは、理想的には、教育に値するあらゆるものに不可欠な規範です。しかし議論の争点に戻れば、平等な規範は諸意見の際限ない代替可能性と矛盾します。なぜなら交換可能性とは、そこにはインターネットという形態のもとで実現されるものも含まれますが、必然的に貨幣の交換可能性の法則のもとにあります。今のところインターネットは巨大な財力によって構造化される時しか存在しないということは、つまるところ十分理解されるでしょう。

フィンケルクロート　お金は格好の逃げ道ですからね！　それでもインターネット上で働く

情念というのもありますよ……。

バディウ　しかしそれらの激情の書き込みというのは、こう言っては失礼ですが、現代のもっとも強力なもののひとつである情報資本主義が存在するがゆえに可能になったのです！　そうしたすべてはグーグルなどの巨大企業が存在して初めて可能になるのです。そしてそれらは商品の交換可能性の法則、つまりいかなる書き込みも他のどんなものと等価でありうるという事実に基づいており、ネット上で流通しているのは製品なのです。それゆえ、集合体と原則的な諸真理とのあいだの関係からまさに出発せねばならないということに関しては、私はあなたに同意します。しかしこの点において、あなたは、それを形式化するのに現在の代議制民主主義から出発することはできないとしています。なぜなら代議制民主主義はあきらかにいかなる諸原則を気にかけないという理由で。

フィンケルクロート　資本主義が画面の上で荒れ狂う感情を助長するとは、私は思いません。反対に交換可能な法則と、あらゆる実践の、あらゆる行動の、あらゆる様式の平等を確認することのあいだに、憂慮すべき相同性があると思われます。さらに、あなたの話を聞きながら、一九七八年に「ヌーヴェル・オプセルヴァトゥール」誌の記事でバルトが註釈したフローベールの次のような一文のことを考えていました。「私は今日の読者のためではなく、言語が続く限り現れうるすべての読者のために書いているのだ[16]」。そこでバルトの心を揺さぶったもの、彼に深く思考させたものは、フローベールは文学を精神性の学説や革新ではなく、形式、つまりフランス語に結びつけているということです。この形式を、彼は永遠のものとは考えていません。フランス語は死に絶えることもあるでしょう。そしてフランス人は将来的にポスト国家的な言語、つまり完全に文学や伝統的な統辞法や正しい用法の規則から解放された言語を話すようになるかもしれません。われわれは、バルトが彼の不安を吐露した時よりも、こうした未来にずっと近づいているのです。なぜなら正しい用法という考えそのものが教育から消えてしまったからです。そしてこの消滅を企図したのはフランス企業の働きかけではなく、進歩主義的な教育学なのです。バルトが予感していたものが実現されたのです。「古典的なエクリチュールは、その内部で防腐保存されていた〈耐久性〉から解き放たれた。もはや耐久性に捉えられることなく、それは〈新しいもの〉となった[17]」。そして『神話学』のなかで、「フランス的なもの」のあらゆる象徴を嘲弄していた、同じバルトが、「小説の準備」という最後のセミネールのなかで、作るべき作品は子供のようなものであると断言しています。ここが、彼の到達点です。ここが、必要な変更は加えつつも、私がいるところです。

バディウ　それでもなおわれわれの合意点を列挙してみましょう。ある種の六八年五月は、実際には諸世論の、諸対象、諸身体の普遍的な代替可能性という方向への耐えがたい傾向の加速あるいは安定化でしかなかったという事実については、われわれは意見が一致しています。この六八年五月は、結局は資本主義の凍った水脈へとすべてを溶解させることに貢献しました。そしてそれゆえわれわれはその解決策はこちら側、つまりこの種の交換可能性を促進する側にはないという事実についても合意に達しています。他方で次のことにも同意しています。実際に集合態であることが現実に可能にしているもの、あるいはこうした集団を文明化された人間にすること、さらにはそうした存在を最大化することについて考慮することは、明らかにいくつかの原理を維持していくことに結びつけられているということです。以上の点からわれわれはいまだに現在の布置をうろついている絶対的自由主義の何らかの系譜に反対であり、そしてわれわれはまたすべては代替可能ではなく、思想の領域にはヒエラルキーが実在しているという考えに同意しています。これらはやはり、その内部でわれわれを議論させるふたつの標識であり、(あなたが死をもたらすと考える)この現状の、そして言語の崩壊という傷跡を残す(この点については、私は完全にあなたに賛成です)主要な責任、それらすべてを、あなたは進歩主義の平等への情熱に負わせてきました。この点においては、私はまったくあなたに同意することはできません。こうした現状の原因は、つねに貨幣という形で評価されねばならない形象において流通しうるものだけが、力があり、価値のあるような世界なのです。そしてそれはマルクスによって予見されたことです。古い階級制、古い制度、古い価値は徐々に資本主義が支配的になれば、世界的な流通のなかで廃止されるようになるでしょう。なぜ、公然とあなたは資本主義に言い訳を見出そうとしているのでしょうか。明らかに、あなたはそれを糾弾することまでは望んでいないのですが、それが私には理解できないのです。そのために二〇世紀の共産主義的実験の結果を結集する必要はありません！　どのような総括を国家共産主義がしたのかを知る前に、それでもなお現在のフランス社会の成りゆきにおいて、あなたが告発した悪事のすべてはおおよそ資本主義に起因するのであり、そのことはまたわれわれの社会を管理してきたこれまでの各政権に起因するともいえるという事実に立脚することもできるでしょう。それにしても、あなたが嘆いていらっしゃる事象は、権力を有し、強力で、堅固な土台を持つ支配的な寡頭支配への反論が消滅するのと時代を共にしているのです。当然、あなたはフランスに強力な共産主義政党が存在した時代を惜しむべきだったでしょうし、それこそあなたの根本的な嘆きだったはずでしょう！　共産党はあなたが愛するものをもっとも精力的に保存しようと請け負ってきたもののひとつでしたから。それは学校や、労働のヒエラルキーや、国家に責任をもってきたもののひとつであり（「フランス人を産み出そう」と言っていたのは共産党です）、共産党が郊外や工場の秩序を持続させてきたのです。共産党が六八年五月の標的のひとつであったことは驚くには値しません。何かがフランス共産党とあなたが愛するものとを結びつけているのです。それは私が、この私がですよ、フ、ラ、ン、ス、的魅力（というのも私もそれを愛しているからですが）と呼んでいるものです。それはつまり、新しさへの嗜好と、秩序や慣習への情熱という逆接的な融合です。実際にフランス的魅力は言語のなかに、古典主義のなかに、そしてそれらの学校での書き取り練習による継承を通して、反映されています。この大衆の書き取り練習は、テレビも含め、実にたくさん残っています。この魅力はつねに、国家的空間における現代のグローバル資本主義の活力の完全なる自由化によって攻撃され、解体されてきました。

ランスラン　実際、アラン・フィンケルクロート、あなたの考察のなかで意外な感じを与えるのは、資本主義への批判的側面の欠如です。まったく単純に、物事のこうした側面はあなたの関心を引くことはなく、あなたはそれをご自身の視野から消し去ってしまっているような印象を受けます。しかしながら二〇世紀の思想家の高名な例があります。とりわけヴァルター・ベンヤミンを念頭に置いているのですが、彼のうちではラディカルな進歩へのイデオロギーの根本的拒否は商品のフェティシズムに対する断固とした批判ととてもうまく共存していました……。

フィンケルクロート　資本主義、とりわけ現行の資本主義（金融的、株主制度的、ポスト企業家的）が不平等を拡大し、人類にとっての真の災厄を引き起こしていることを見過ごそうとすれば、盲目であるか、不感症でなければならないでしょう。私はまた、高貴さや名誉にいかなる地位も与えず、完全に利潤の論理に支配を許すわれわれの社会の動向と戦う必要性があることにも、納得させられました。しかし資本主義の精神を告発し、その一方で上昇や勃興といったあらゆる形態を備えた民主主義を嘲弄するのを認めるのは、かなり欠陥のある、つまりはこの有無を言わせぬ外見を装った独りよがりな社会批判なのです。

バディウ　しかしながら、議論の最初の情勢診断はまさしく資本主義についてなされたんですよ！　そうはいっても、権威のあらゆる伝統的な形式の解体に立ち会い、それを目の当たりにするのは、心揺さぶられるものではあります。それは単純と思われるある理由のためです。世論の等価性ではなく、世論のヒエラルキーが資本主義とは異質な主体性を構成するのです。資本主義は、分離され、個別化され、消費される主体性を要求します。そしてインターネットでさえこういった主体性を造りあげる道具なのです。孤立した主体にとっては、彼の思いつきの最たるような意見でも、他のものと同等なものとして、世界の表面に書き込まれる価値があります。しかしそれはいかなる主体でしょうか？　資本主義にとって理想的な主体ですよ！　資本主義は、代替不可能な諸価値が存在すると考える主体などまったく望んでいません。美や愛や革命的政治や純粋数学を愛する主体、あるいはあなたや私のような自国を愛する主体をどうすることができるでしょうか？　どうしようもありません。なぜなら資本主義が組織する流通とはいかなる一致点も持たないからです。

フィンケルクロート　この「それ」というのがそれでもやはりいくぶん私を悩ませます。それは主体になるのか……。

バディウ　しかしそれは単なる型通りの隠喩ですよ！　お望みなら『資本論』*Das Kapital*を《K》と呼んでも構いません。

フィンケルクロート　よりいっそう引っかかりますよ！

バディウ　これほどの権力を有し、その上世界中に広まった社会組織が、それに応じて主体を変形させるのはよくあることです。そこで私があなたに提起する問題はこうです。あなたは別の主体、差異を有した主体が存在することを望んでいらっしゃるようですが、しかしあなたと対立する主体の生産様式を認めるところからはじめるのであれば、どこからご自分が望むような主体を引き出してくるのでしょうか？　資本主義は、自らが必要としないものすべてを解体してしまうのですよ。

フィンケルクロート　聞いてください、おそらく参照すべきひとつの伝記的データが存在します。私は大資本家の息子ではありませんが、企業家の家庭の出身です。一九二〇年代終わりに、私の父方の祖父であるアーロン・フィンケルクロートがポーランドから移住してきた時、彼は、二人の息子とともに、パリのジャン＝ピエール・タンボー通りで皮革製品製造工場を立ち上げました。比較的順調な企業でした。したがって、私の父は、私の周囲の人がすべてそうだったように七〇年代に私が忌み嫌っていたシステムの相続人になりました。しかしながらある日、私は本当に彼のことを恥じるべきなのかを自問してみました。彼が教授や研究者や公務員であれば、道徳的には優れていたのだろうか。この単純な問いが私を教条的な眠りから目覚めさせ、不当でもある拒否をもたらす思考の様式とは距離を取るようになりました。私はあなたが続けているように、資本主義を悪の原理として打ち立てる図式にもはや関与することはできません。もちろんこの断絶には他の理由も関係しています。あなたは、あらゆる社会的暴力の責任を資本家の搾取に帰せられるとお思いですか。覆面をした若者たちが、ヒップホップ・ダンスの授業を受けていたある生徒を襲撃しようと共和国の学校の体育館に侵入したとき、人々は愕然とし、どうやってそこまで、この野蛮さの暴走に、大々的に郊外の文化と呼ばれているものを前にして、暴力に身をゆだねるにいたったのかと自問しました。この問いへの答えは『共産党宣言』には見つかりません。

バディウ　それはそうですよ、でも明らかにあなたは物事を歪めていますよ……。どのような一般性の水準でわれわれが話し合うのを、あなたが望んでいらっしゃるか知っておく必要がありますね。いきなり個別の話題にまで降りてくるのですから！　わたしはあなたにどのような理由で資本主義の責任に言い訳を見出しているのか尋ねましたが、あなたは進歩主義の領域にそれをまったく見出せないと、ヒップホップ・ダンスの授業中の乱闘の話でそれに応じるんですね……。しかし、いまあなたがそうお望みなら、確かに媒介のレベルまで降りていくこともできます。大人と若者の間の、そして若者と子供の間の境界が徐々に消滅していることが、あなたが描きだした状況の重要な要因のひとつです。しかしこの境界消滅自体は若者が現在の資本主義の生命維持に不可欠な消費の標的になっているという事実を回避することはできないでしょう。

フィンケルクロート　それはまったくの真実です。

バディウ　若者はバスケット・シューズや携帯電話などを欲しがっています。学校には、彼らはすっかり興味を失っています。なぜならこうした熱心な消費とは直接的な関係を持たないからです。それが事の本質なのです。この媒介を現象学的に描いてみせることも十分可能でしょう。資本という普遍性からあなたが語るような劇的な状況に移行することもまったく可能です。そして、こうした状況のなかに制度やヒエラルキーの解体、とりわけ教師と生徒の間の関係（直接的な消費しか夢見ていない人にとっては理解しがたい関係ですが）の解体が含まれます。このヒエラルキーも、もはや若者は理解していませんが、それはただ単に教師がだらしなく、きちんとした靴さえ持っていないからです！　ここまできてしまうと……。しかしそれを、彼らがそう考えることを「許して」来ました。総体的なシステムは彼らをそう考えるように促し、してさえいたのです。

フィンケルクロート　これについては、あなたが一点とりましたね。私もまったく賛成です。

バディウ　あなたがご自分の父親についておっしゃったことに少し戻りましょう。あなたとは反対に私の両親は公務員でした。しかし先ほど説明したように、もう一度繰り返しますが、私の方は、国家の衰退の支持者です。私は協力体制《アソシエーション》で機能する社会の賛同者です。おそらくそれは、一〇〇〇年あるいは二〇〇〇年後のことでしょうけど。なぜならそれはプラトンが言う意味で、教育された社会だからです。すべての人が哲学者である社会です！　いずれにしろ、その内部において分離された権力としての国家は、社会の表層部分全体にその機能が配分されることになるでしょう。だからといって私は、国家に奉仕するイデオロギーを持つ典型的な人間であったとして、父親のことを恥じるでしょうか。彼はトゥールーズ市長で下院議員なども務めていました。あなたと同様に、私もこう判断を下しました。そんなことはない、なぜなら国家が存在する限り、無法者よりも優れた奉仕者がいるほうがいいからです。そして資本主義が存在する限り、億万長者のマフィアよりも、正直で小規模な経営者のほうがいいのです。

フィンケルクロート　その「……する限り」がわれわれを分け隔てているのです。

バディウ　おそらくそうでしょう。しかし私はあなたがシステムをその全体において有効と認める必然性が理解できません。

フィンケルクロート　おそらく。しかしそれでも、私にしてみれば、それが国家の意味と企業精神を有効と認める必然性を導いているのです。どちらもです。

バディウ　あなたはわれわれふたりの父親を救済してくれましたね！　それはたいへん結構なことです。

第四章　コミュニズムについて——その過去と未来

ランスラン　父親たちと和解した息子たちとでも言いましょうか、大胆でいながらも、最終的に首尾一貫したおふたりの五月革命のある側面に対する批判的な結論がでたかと思います……。ただ、そうは言っても、アラン・バディウ、あなたはこの五月革命に対して本当に何かこう愛情のようなものを抱いていらっしゃるでしょう。考えてみれば、五月革命は、少なくとも今日までのフランスの歴史において、最後に〔共産党の〕赤い旗が工場や街角で、全国に一斉にはためいたときでした。そこで、この〔コミュニズムに関する〕議論を続けていきたいのですが、まずアラン・フィンケルクロートにお聞きしましょう。昨今、再び出現してきた「コミュニズム思想」をどのように見ていますか、またそれを裏付けるように、いささか政治の過激化が回帰していることについてどのように見ていますか。こうした動きはアラン・バディウやその他、今日このような思想を体現している思想家に耳を傾ける人々が増えていることからもわかると思います。メディアや知識人の間で全面的な反マルクス主義支配に次いでおとずれた、このいわば「雪解け」の時を、あなたはどう解釈なさいますか。

フィンケルクロート　実利主義《マテリアリスト》の思想家たちが〈コミュニズム思想〉を現実的実践から除外したところに、あるいは現実的実践以上のところに置こうとするとき、なにか逆説的なものを感じます。わたしには、〈思想〉は現実のコミュニズムのあらゆる形態によって、避けがたい形で危険に晒されているように思えます。われわれが知り得るコミュニズムの現実、それはまだ完全に消え失せていませんが、コミュニズムというものをあらわしているのです。それは本来のコミュニズムをゆがめているというのではなく、コミュニズム本来の姿をさらけ出しているという意味です。端的に言えば、あらゆるものは政治になったときに、警察と化す運命にあるということです。〈近代〉という時代が文明になした偉大な貢献として、分離の技法というのがあげられます。教会と国家の分離、市民社会と政治共同体との分離、公的生活と私生活との分離などです。Our homes, our castles.[一]（われらが家、われらが城）。こうした仕切りを、コミュニズムは非難します（マルクスが言うには、人間の権利とは、他者や公的な事象と切り離された身勝手な人間の権利です）。さらに、手段を有するときには、コミュニズムはその仕切りを破壊します。秘密の庭を国有化し、心の奥底にあるものを徴用し、個に関わるすべての聖域に立ち入ってきます。事態はふたつの段階を経て展開します。理想の時と恐怖の時です。最近、ロシア革命を専門とする偉大な歴史家オーランドー・ファイジズの『囁く人たち』と題された見事な著作を読みました。[2] なぜ囁く人たちなのか。それはスターリン時代にイサーク・バーベリ[3]が書いたとおりです。すなわち、「昨今では、男は闇夜か顔を覆ってでなければ、女性に自由に話しかけることはできない」からです。さて、ファイジズの調査は一九一七年からはじまっているのですが、これは実に興味深いことです。暴力とすさまじい恐怖とを理解するには、熱狂が沸き立っている地点に立ち戻ることです。革命が勃発したばかりのスモーリヌイ女学院[4]でのことです。エリザヴェータ・ドラープキナはもう一二年も自分の父親に会っていませんでした。一九〇五年に彼女の父親は地下に潜伏したのです。彼女は父親の顔を覚えておらず、「セルゲイ・グーセフ」という〈党〉での偽名しか知りませんでした。さて、彼女が食事を食べ終えたとき、不意に、湯気が立ちこめる食堂にひとりの男が入ってくるのを目にしました。小柄ながらも鍛え上げられた身体を持つ美男子で、軍服と鼻眼鏡で飾り立て、うしろには党の労働者の一群を率いていました。この新参者は中央の長テーブルに腰を下ろすと、スプーンでスープをかき込みながら、自分の前に差し出される書類にサインしていました。エリザヴェータ・ドラープキナはその時、誰かが男を「同志グーセフ」と呼ぶのを耳にしました。彼女はまだ空腹に苦しんでいたので、男に近づき、ただこう言いました、「同志グーセフ、私はあなたの娘です。食事代として三ルーブル下さい」。「いいとも、同志」、父親はこう答えると、いとも無造作に彼女に三ルーブル札を差し出したのでした。レーニンはこの話をいたく気に入りました。彼はここに革命の大義へ完全なる忠誠をつくすボリシェヴィキの理想が実現しているのを見て取ったのです。彼はこの新しい人間、現実態の歴史や人情のような個人的つながりによって気をそらされることが決してない、一体化した人間を好んでいました。あらゆる存在と各個人のすべてを監視する一望監視《パノプティック》システム的、恒常的、網羅的、遍在的な権力の確立は、革命の最初の熱狂を否認するものではなく、この熱狂が作り出した結果なのです。レーニンの死から三年が経った時、アナトーリー・ルナチャルスキー[5]はこう書いています。「われわれはいわゆる個人的領域を見逃すわけにはいかない。革命の最終目標を実現すべき場所は他でもないその個人的領域だからだ[6]」。

最初は構成主義的建築家たちがあらわれ、私生活という壁を崩し、共同の家を建てることを提案しました。そこでは住人は、衣服や下着をも含む、すべての財産を互いで分かち合い、家事労働は種々のグループによって分担されます。また大きな寝室で、性別によって別れて、皆一緒に眠り、セックスはいくつか用意されている個室で行うのです。次いで、共同体の集合住宅が造られました。雑居生活とコントロールというのは、正当なユートピアの産物です。ひと言で言えば、〈近代〉という時代がとった本質的な存在論的決断とは、何ひとつ全体に換言されるもののない世界を構築し、それを守ることでした。コミュニズムはこのような決断に異議を唱え、雲の塊が嵐をもたらすように、そこに全体主義的な崩壊をもたらすのです。「歴史がある。そして、それとは別のもの、ごく単純な幸福や、存在が持つ情熱、自然の美といったものがある[7]」、こうカミュは書いていました。コミュニズム思想は、コミュニズムが犯した罪を免れてはいません。なぜならコミュニズム思想は、この〔カミュが言うところの〕別のものの否定だからです。

ランスラン　果たして、その逸話がコミュニズムに反対するのにもっとも説得力を持つと言えるでしょうか。同じような話は、ほとんどそのまま、新約聖書にも見出されます。たとえば、マルコによる福音書において、キリストは「だれがわが母であり、だれがわが兄弟であるか？　神の意志をなすものは皆、それわが兄弟であり、わが姉妹であり、わが母である」と言っています。この血縁を断って精神の共同体に参加せよという至上命令は、スターリニズムに限られたことではありませんし、それに先立つ華々しい例がいくつもありますが……。

フィンケルクロート　逆に、私はこの逸話を非常に教育的だと思っています。共通するものが何もない時こそ、最終的にあらゆるものが没収されるのです。政治的なものが何もない時こそ、あらゆるものがしまいには権力の尋問に晒されるのです。したがって、私はコミュニズムの仮説というのはよい仮説ではないと結論します。

バディウ　私個人の考えを述べておくと、一九世紀、より正確には一八四九年ごろに「コミュニズム」という言葉があらわれはじめた時、この言葉は歴史的仮説を表していました。マルクスにとっては、先立つものはすべて先史時代に属するというような具合でしたから、そのような歴史区分に関わるひとつの仮説でした。ですからコミュニズムとはいわば、人類の存在のつぎの歴史的時代の名前であり、つぎの歴史的時代のはじまりのことでした。したがって、それ、つまり人類に別種のサイクルを開こうという考えを、七〇年に渡るロシア独裁政権の裁きの場に呼びつけて、この思想の決定的崩壊をもくろむというのは、実に奇異なことです。「デモクラシー」にも、あるいはほかの大きな政治史のカテゴリーのどれに対しても、まったく同じ訴訟を起こせるでしょう。二〇世紀のさまざまなコミュニズムの例を、一九世紀から引き継いだ第一の問題を解決するための試みとして捉えるべきです。その問題とはすなわち、現実に権力を握ることは可能か、という問いです。優れたパフォーマンスを発揮できるような個別の内戦の指揮系統を考案すること、それが〈党〉の基本原則《ドクトリン》でした。次につづく国家的な実験はまったく逆説的でした。というのは、ご存知の通り、〈コミュニズム思想〉は、まさしく単独国家というあり方と決別することを切望していたからです。一方、あなたがお話しになった全体主義政治、つまり政治至上主義のもとに公私の生活の区別をしりぞけるというのも、やはり〔コミュニズムの観点からすれば〕まったく逆説的です。というのも、マルクスはきちんと説明していますが、政治というのは階級間の闘いの組織化であり、コミュニズムとは政治の終わりだからです。

結局のところ、二〇世紀にコミュニズムのもとに出現したものは、組織化に関して、反乱や人民戦争(8)についてといった、どれも権力というカテゴリーに結びついた概念についての特殊なレッスンだったのです。しかしこのカテゴリーこそ、まさしくコミュニズムのもとで衰退して行くべきものを描き出していました。したがって、これは非常に限定された歴史的実験だったのであり、またある意味、コミュニズムという言葉が意味することがらの内容に対して逆説的なものでした。これらの実験で唯一、文句なしに成功したのは、最初の軍事的成功、権力奪取に関するものでしょう。したがって、これら短期の独裁的実験については、原始的コミュニズム、さらには、レーニンの表現を使えば「戦時コミュニズム」として、話すことが出来るでしょう。これらの明白な事実からして、私は、ある意味、あなたがおっしゃったことすべてに同意します。しかし、〈スペイン異端審問〉が二〇〇〇年に渡って存在してきた〈キリスト教思想〉を完璧に要約していると決めつけるのに等しい考え方には、賛成しかねます。「コミュニズム」という言葉に関して、われわれはその本当の意味、この言葉の包括的な意味に立ち戻らなければなりません。つまり人間社会は私的利益という原理によって規定される必要はないという仮説です。これは集団が個人やそれに類するものすべてを吸収してしまうことを意味するのではありません。それはごく単純に、利益という法則に忠実で、政治システム全体がこの利益の法則に奉仕するようにつくられている寡頭支配体制の独裁のもとにないという選択肢もあるというだけのことです。コミュニズムというのが、利益とはべつの内在的法則を追求する社会を意味するのだとすれば、前世紀にコミュニズムを後ろ盾になされた七〇年ばかりの経験はそのようなものとして、つまりとるに足りない初期の特異な時期と捉えられるはずで、あらゆる初期というものがそうであるように、これはおそらく今後何世紀にも渡って続いて行く歴史区分のごく最初の模索中の時であると考えられるのです。つけ加えておきますと、社会が金持ちや権力のある者によって支配されている状態、これは数千年に及んでいます。ですから、コミュニズムの七〇年の経験を呼びつけて、「さて、あなたは数千年に及ぶ自然支配から引き継いだ問題を解決できませんでした、ですからあなたが意味しているものはもはや信用できません」と言っているわけです。私に言わせれば、このような訴訟がうまく機能しているとは思えません、実にまずい運び方だと思います。「コミュニズム」という言葉だけに歴史的裁判権を適用して、他のいかなるものにも適用しないでしょう。とくに、コミュニズムと全体性とを結びつけるというのは、ひとつの党‐国家が支配している国々の組織に関しては、支持しうる関連づけです。しかし、党‐国家という歴史的形態はコミュニズムとは元来、あるいは本質的に、関係ありません。コミュニズムを全体主義による支配であるとみなすことは、まったく理にかなっていません。いや、むしろコミュニズムは多様性による支配でありうるはずです。この件に関して、私は自分が非常に明白であったと感じています。なんならどれでも構いませんから私の本をひとつ手に取ってもらえば、それが〈単一性〉や全体性の批判として書かれていることがわかるはずです。『諸世界の論理』(9)の最初の命題は「〈全体〉は存在しない」です。そして、『存在と出来事』の中心命題は、存在の形式は「単一なき多様」である、というものです。

したがって、まず第一に、私はいかなる「全体主義」とも、一切、関係ありません。そして第二に、「全体主義」という言葉は解釈された一様相を表しているにすぎず、コミュニズム一般を表しているのではなく、ボリシェヴィキとそれにつぐ〈第三インターナショナル〉が権力を握った数十年の経験を捉えた表現なのです。「コミュニズム」を「全体主義」に包摂するのは、哲学的に正確ではありません。そのうえ、そのように捉えることは危険でさえあります。なぜなら、今日では、野蛮な商業主義の横行に対して、いかに多様が共生する社会原則を可能にしていくかが本質的な問題になっているからです。明快に構成された地平でこの問題に取り組むためには、「コミュニズム」という言葉は絶対に必要です。この言葉こそ、あなたが苦言を呈していた事態に取ってかわる、戦略的な解決策を表してきたのであり、今後も表し続けるのです。

フィンケルクロート　しかし、資本主義とともに人間社会の先史時代が終焉を迎えると提起する仮説には背筋がぞっとします。というのも、そのような仮説は古い世界とそれを表象してきたものとの破壊を招いているからです。あなたのおっしゃる偉大な解決策はあまりに絶対的で、どうしたって容赦ないものと化すでしょう。政治が廃止されるまでに、コミュニズムは未来と過去の、歴史と先史時代と、人類とその敵との間で全面戦争を展開するようにその解決策を考えだし、実践するのです。いやいや、おことわりです。『責任という原理』でハンス・ヨナスが言っていますが[10]、真の人間はその栄光のときも悲惨のときも、永遠に存在していました。将来においても、個々の満足はそれに対する不満を生み出すでしょうし、「われわれは、人間が何であるのか、すなわち積極的にも消極的にも何でありうるのかを、過去から学ばなければならない。人は、このことに満足しなければならないだろう。この過去の教えが、高揚と身震い、希望と恐れ〔と言ったような人間の本来性〕に資するような、まったく願ったりの全素材を提供してくれる。またその教えは、価値評価の基準、それと同時に要求自体の規準も提供してくれる」[11]。また、ソルジェニーツィンが『収容所群島』の中で言っているように、善と悪の境目は国家や階級、党の境界線となることはありません。それは個々の人間の心を横断し、そして「個々の心の断片を引き裂きにくる」ものです。

二〇世紀というのは圧倒的な対立概念とめまぐるしい体制交替の世紀で、われわれに錯綜した思想を押し付けました。それは明らかに、社会的正義が要請するものを犠牲にしたり、弱めたりするためではなく、コミュニズムのヒュブリス[12]に答えるためでした。

バディウ　一度ならず、あなたがおっしゃることに非常な違和感を感じますが、それは実に単純なことに由来しています。マルクスが「革命的な」比喩によって、階級闘争としての人類の歴史はコミュニズムの先史にすぎない、とあらわしているからといって、歴史と先史との間に二元論的対立を見出す理由はまったくありません。先ほどあなたは〈近代人〉の考えを引き合いに出されましたが、いいですか、この考えはある時期にあらわれ、内在的な形で発展してきました。なぜあなたはこの考えとそれ以前の世界との間に、一種の完全な断絶があるとお考えになりたいのでしょうか。当然ながら、具体的な状況において、先史時代とそれ以降の歴史とを切り離すものは何ひとつありません。そのような見方は馬鹿げています。「コミュニズム」と呼ばれるものは、ゆっくりと差異化されてきた諸段階を含む、広大なプロセスをさすことになるでしょう。このプロセスはそれが今ある状況の内部そのものから出現してきたのであって、別の呼び方がふさわしい状態が、断片的に、あるいは継続的にといった具合に、その土台になってきたのです。私たちが今、目にしているのは内在的な歴史の誕生であり、そこにはいくつもの断絶のときや創造的な出来事が含まれていますが、決して二者択一のひとつの選択肢として、あるいは無から突然《エクス・ニヒロ》出現してきたものとして立ち現れることはありません。ですから、またしてもあなたは認識論学者たちが言うところの大きく広げた帰納法を用いているのです。あなたはコミュニズムという類概念に、二〇世紀の実験——この実験の総括が今日やらねばならない仕事だというのは明らかですから、ここでは繰りかえしません——、この二〇世紀の実験のまったく個別ないくつかの相を当て嵌めて見ているのです。まったく同じようなことは、どんな歴史プロセスにおいても起こることで、そこにはいくつも訂正があるのです。たとえば、だれもがデモクラシーはギリシャではじまったことは知っていますが、そのデモクラシーはあたかも奴隷制や混血人の排除、すべての女性の政治的存在の不在、間断なく続く非常に残虐な植民地戦争といった要素と完全に適合していたかのようでした。ずいぶん長いこと、非常に多くの場所でひろまっていたデモクラシーとは、納税に基づく制限選挙でした。投票するにはそれなりの財産が必要だったわけです。フランスでは、女性は一九四五年以前、つまりついこの間までは投票していませんでした。これらの点については、どれも過酷な闘いや反乱などを経て、普通選挙は真に平等な選挙となっていったのです。コミュニズムに関してもまったく同じで、コミュニズムは徐々にですが社会システムのレベルで、都会と地方、金持ちと貧者、技術労働と知的労働、そして男女など、あらゆる種類の「格差」を是正していくでしょう……。段階ごとに、時には激しい闘争を経て、社会装置の修正が必要になると思いますが、それが当初は「コミュニズム」の名のもとに整備されていたのです。こうしたパースペクティヴをデモクラシーに関してはしごく当然のものとみなし、その一方でコミュニズムにはそれを認めないというのであれば、富裕層の覇権と労働者や農民、会社員らの劣勢を、あきらめのもとに永遠に受け入れるばかりでしょう。

フィンケルクロート　おそらく、あなたは善と悪というものがもつれ合っていることをお認めになるでしょうし、本物の人間はずっと以前から、常に幸せと苦しみとともに生き、また自分を正当化すると同時に罪の意識を持って存在しているとおっしゃるのではないですか。あるいはこれもハンス・ヨナスの言葉ですが、人間は「あらゆる両義性の中で生きているのであり、それを切り離すことは出来ない」のです。このあたりが、〈コミュニズム思想〉の歴史からわれわれに提起された問題のように思えるのですが。

バディウ　どうして〈コミュニズム思想〉の歴史が、あなたがおっしゃるような善悪という表層的な形而上学のテーマに戻ることを提起してくるのか、私にはまったく理解できません。

フィンケルクロート　「人間とは人間の未来である」とか「その一番深い部分において、人間を変える」といったスローガンをみれば、コミュニズムは私が言おうとしたこと以上に、よっぽど表層的ですから……。

バディウ　しかし、どうしてその形而上学的問題に立ち戻るのかが、私にはわからないんですよ……。人間の心は善と悪に分かれる、それだけのことじゃないですか！

フィンケルクロート　問題というのが、すっかりなおざりにされているんです。その問題とは、いささか単純に過ぎる人類学が〈歴史〉に刻み込もうとしたことです……。「すでになされたことに関しては、私は無《ニヒル》と書く」、とマヤコフスキーは怖れることなく言い放ちました。そしてあなたの方は、七〇年の間続いた一時代の法廷でコミュニズム思想を扱うことを拒否し、そうすることを正当化するためにこうおっしゃるのです、人類の全歴史において、人間の人間による支配、隷従化、搾取は存在したと。しかも、あなたは次のようなことまでお書きになっている。「人類の将来をコミュニズムという仮説によって照らし出さない者は、（……）人類の集団的未来に関して、それを動物性にまで貶めることになる」。したがって、あなたは未来のコミュニズムを大いなる暗黒状態、あるいは決定的な凡庸さと対比なさっているわけですよね。このような二元論は犯罪の温床となります。なぜなら、それが脇に置き去りにし、なかったものにしようしているのは単に過去だけではなく、その過去を体現している人間も不可避的にそこに含まれてくるからです。

バディウ　いや、まったくそんなことはありません！　どうしてあなたは過去は未来によってお払い箱にされるものだと考えたがるのでしょう。まるでこう言っているのと同じですよ、アリストテレス物理学の批判から出てきたガリレオ物理学を決定的に導入した人間は、知的弾圧者の顔も有しているのだってね。コミュニズムは〈思想〉として、解放の政治という一現実を含んでいます。ですから、この解放の政治が今ある状況からスタートします。この状況というのは歴史的につくり上げられてきたものであって、個々の闇の中に葬られてしかるべきものではないのです。そこには重要な意味を担った出来事と、まさに解放をもたらした人々とがいました。すなわち、スパルタクスの反乱(13)からローザ・ルクセンブルク(14)や毛沢東の人民戦争まで、その間にはトゥッサン・ルーヴェルチュール(15)、マルクス、ヴァルラン(16)、ゲバラ、ルムンバ(17)ほか、何千人という人々がいました。したがって、われわれにはある解放の歴史があり、それは実際に存在しています。そして私が言いたいのは、この解放の歴史の現代の歴史的瞬間というのはコミュニズムの名の下に遂げられるでしょうが、その理由はコミュニズムの内的実体に由来するものだという、ただそれだけです。

フィンケルクロート　しかしですよ、スパルタクスの見事な反乱から、前代未聞の〈革命〉の詩を歴史の真っ白なページに見事な毛筆で書き込めると信じていた毛沢東の恐るべき人民戦争まで、あなたが取り上げた状況はどれも二元的な対立関係に属していました。では、複雑に錯綜し、紛糾する人間の状況をどうなさるのですか？　ジレンマに対してどうなさるのでしょう？　善と悪ではなく、複数間で競合する関係から選択する場合はどうするのでしょうか？悲劇的なものをどうするのでしょうか。差異、ニュアンス、曖昧さなど、反対物の対立という凝り固まった構図からはみ出してしまうすべてのものをどうなさるのでしょう？　あなたの文化、あるいはこう言うべきでしょう、あなたの運動家的想像力から描き出されるものの中には、妥協に対して裏切り以外の表現があるのでしょうか？　ここで妥協というのはつまり、ミシェル・ロカール[18]によれば、部分的にでも目的を達成に導くために、しばしば引き換えとして対立側の要求に大きな譲歩をするということです。もしあなたがおっしゃっているような事柄にしか価値を認めないならば、あなたにとっての政治とは、ロベスピエールにとってそうであったものと同じだということになるでしょう。つまり、美徳と犯罪が激突する大劇場です。確かにそういう場合もあるでしょうけど、それはもっぱら例外的な時でしょう。

バディウ　確かにそうでしょう。しかし、これらの例外的な出来事が歴史に区切りをつけ、凝縮した形で、あるいは悲劇的な形ではありますが、長い中間的なシークエンスを開いていくのです。そして、この中間的シークエンスの間に、政治活動の規範が明白になり、決定されていくのです。私はそのように物事を見ています。ですから、戦争が唯一の政治形態だなどと言っているのではありませんよ！　そのような事はまったく思っていません。単純にこう考えているだけです、物事に区切りを与える出来事というのがあって、その結果、あるときに、これこれの分類やものの見方というのができて、その時々のあり方を形成していくのだと。私が予告し、言い続けているのは、新しい形での「コミュニズム」であって、マルクスにおいてこの言葉が持っていた歴史的意味とも、また二〇世紀の国家的な意味合いとも違うコミュニズムこそが、現代性を持つと言っているのです。当然ながら、それは一連の成すべき使命、仕事、組織形成などが存在することを前提としています。しかし、両者の全面戦争を意味しているのではなく、今ある世界に、固有の政治行動によって、この解放の哲学的根本原理に基づいた形象の結果を浮かび上がらせ、組み入れていくことが必要だと言いたいのです。なぜあなたがそれほど執拗にこれに反対なさるのか、本当にわかりません。だってある意味、ここで言おうとしているのは、人間性というのは、自分たちでも可能な集団的、あるいは個人的真理を尺度とした方が、おのれの経済的な組織制度を尺度とするより、はるかに測りやすいものであるということです。その上、前世紀にコミュニズムを名乗ったもののすべての大きな過ちのひとつは、圧制的な国家形態と集団性を謳いあげながらも、実際には本質的に無効な経済形態とを結びつけたことでした。

フィンケルクロート　では、先にあげた形態は一旦忘れましょう。そして、アラン・バディウ〔のテクスト〕を読んでみましょう。「コミュニズムの地平なしに、この思想なしに、歴史的、政治的未来に哲学者の関心をひく性質のものはない(19)」。「思想《リデ》」、「哲学者《ル・フィロゾフ》」と単数形で使われた、これらふたつの言葉は荘厳さを備えていますが、人間の複数性に対しては、まったくいいものを予測させません。[20]このような言い方は、このコミュニズム思想の地平では一切、思考を重ねてこなかった偉大な哲学者たちを非常に軽視することになります。たとえば、レヴィナスだとかローゼンツワイク[21]をあげておきましょう。

バディウ　彼らは政治哲学に対してどのような貢献をしましたか。

フィンケルクロート　貢献していましたよ。

バディウ　それについて話し合うこともできますが……。

フィンケルクロート　全体主義の考察では、『全体性と無限』[22]の読書から非常に得るところがあると思います。しかし、政治哲学とおっしゃいましたから、当然、他にも多くの名前に思い当たりました。たとえば、ハンナ・アレント、レオ・シュトラウス、[23]クロード・ルフォール、[24]コルネリュウス・カストリアディス[25]らです。さて、あなたのお書きになったものを読んだり、お話をうかがっていて、疑問に思うのは、あなたのように考えない者に対して、どのような場所を与えているのかということです。カミュは、民主主義者は慎ましいと言っていました。「彼〔民主主義者〕は自分の無知をかなりのところまで告白するし、自分の努力がいくらか向こう見ずなものであり、何もかもが自分に与えられているわけでないことをわかっている。そして、そのように打ち明けることで、他者に意見を求めることの必要性も、また他者が知っていることから、自分の知っていることを補う必要性も認識しているのである」。このような慎ましさは、フランスではモンテーニュにまでさかのぼる、あの会話への賛辞とも結びついています。実際、『エセー』には、このように書いてあります。「自分の推量でひとりの人間を生きながらに焼くというのは、その推量をあまりにも高く買いかぶることである[26]」。それから、こうも書いてあります。「精神を鍛錬するもっとも有効で自然な方法は、私の考えでは、会話《コンフェランス》することであると思う。(……)私は人から反駁されると、注意は覚まされるが、怒りは覚まされない。私に反駁し、私に教えを与える人には自分のほうからすすんでゆく。真理を明らかにすることこそ、互いの共通の目的でなければなるまい[27]」。コミュニズム説の支持者にとって、目的というのはすでに了解済みで、それに反対する人は不平等の永続化を望んでいる、したがって、悪を望んでいることになります。ですから、彼が近づいてくるのは異論を唱える者を教育するためではなく、消し去るためなのです。

バディウ　またしても、まったく不正確だと思います。私が構想しているようなコミュニズムは多様性という存在論の上に成り立っており、全体性という存在論にはまったく依拠していません。結果的に、私にとっては敵対性という問題に比して、内的、外的議論という主題系が優先事項となります。それに、本当のところ、議論している空間内部でこそ、意見の相違を生み出すような対立軸が形成されうるのです。とりわけ、異なる意見が攻撃された場合にはそうです。暴力というのが話題になっている限りにおいて、それも防衛的な暴力について言うのですが、私がとてもよく展開するテーマのひとつに、集団によって形成されたものの保護というのがあげられます。ただ、どんな場合でも、それが突撃だとか、占拠といった形にはなりません。結局、いささか内輪な例ではありますが、私の『携帯版プチ・パンテオン[28]』を読んでいただければ、まったく違う考えの人たちと一種の友愛関係が築けているのがわかっていただけるかと思います。それに、この私たちの議論の最終段階にあって、私はあなたにも同じような態度で望んでいますよ！

ランスラン　私たちのこの「討論」も終わりに近づいていますが、二〇〇九年秋にニコラ・サルコジの呼びかけで起こった「ナショナル・アイデンティティ」に関する一大論争も、砂に埋もれてしまったかのように今ではすっかり聞かなくなりました。非常に広範な抗議運動がこうした動きに打ち勝ってきました。これに関してはこの討論のはじめに、おふたりにもずいぶんご意見を言っていただいたわけですが、どのような結論がここから引き出せるでしょうか。

フィンケルクロート　このナショナル・アイデンティティをめぐる議論は、フランスに脅威を与え、真正面から自分たちを見つめ直し、自分たちに起きたことをしっかり記憶に留めることを迫りました。ドクサがこの脅威を払いのけ、メディアや大学人らの間には、それを知ろうとしない空気がのしかかりました。みごとな救いの言葉が寄せ集められ、教典さながら望みどおりの効果を手に入れました。がしかし、その瞬間にも、われわれの共生の土台は暴力に蝕まれています。しかもこの暴力はますます多くの学校で歯止めが利かなくなっているのです。ですから、私は今日の討論を終わるにあたって、そして遅ればせながら、アラン・バディウ、あなたの問いかけのひとつにお答えすべく申し上げましょう。過激論者だ、デマゴーグだと仕掛けたのは私ではなく、何らかの悪意からか、習慣からなのか、平然と植民地主義的暴力やポスト植民地的暴力、資本主義的暴力から、このような〔学校や郊外での〕暴力を演繹して語る人々です。この点については、自分たちを脅かす人物を弁護し、国家に罪をきせることしかしない教員たちの現状ほど嘆かわしいものはないように思います。

バディウ　ここでもまた、私はあなたが批判の対象としている人たちには属していませんね。なぜなら、私は学校での暴力や郊外の荒れる若者グループなどの問題を単に今の社会現象がもたらす下位現象だとは思っていないからです。またそれを肯定的な現象だとはまったく考えてもいません。これらの事態をよくよく見てみると、それがさほど資本主義から引き起こされているわけでも、資本主義社会の反映になっているわけでもないのがわかります。事態は逆の形をとっています、なぜなら大変広播な見方をすれば、そこで問題となっているのは主体性の劣化だからです。これらの若者の唯一の理想は停滞し、虚無的で、商品の流れを除けば、まったく有機的に構成されているものがありません。よって、主観的に荒廃しているのです。以上から、どうして私がそのような枠組みで、何であろうと、これらの問題について論じることになるのかわかりません。だいたい、私は体系的な若者像について書いており、これらの若者のあり方を社会現象として片付けようとすれば、その問題の中心を見失うとはっきりそこで言っています。以上が、まず言っておきたいことの一点目です。それから二点目は私が確信していることで、当然ながらそれはあなたと異なるわけですが、フランスはもう終わりでしょう。この国は——私の国であり、私はこの国を愛してもいますが——歴史的にその存在サイクルの最後の段階にあると感じています。私自身、ノスタルジーを感じますし、この否定的な未来に捕われています。私は年老いたフランス愛国者《パトリオット》[29]です。それでもフランスは終わったと考え、だからこそ、そのフランスの何かを救える形式を探しているのです。私はそれを独仏の融合という方向にもとめています。そうなれば中国、インド、ブラジルのような今現在世界で形成途上にある大国に匹敵できるような力を生み出せると同時に、われわれのものである知的、哲学的、科学的、芸術的遺産を守ることにもなるでしょう。しかし、国家権力に関して対立し合っている政治的勢力のどれひとつとして、本当にどの勢力も、この点について何の計画も持っていません。今の世界で、現在フランスがあるような資本主義的な勢力争いの中では、フランスがどうなるのか有効なあり方を示すことの出来る政治勢力はひとつもありません。またヨーロッパ〔共同体〕は、アメリカの退廃に牽引されるような形で、非常に手っ取り早く建設されました。そこから私が出した結論は、「フランス」という固有名にいまだ何らかの重要性を与えることができるとすれば、それはこの国が新たな国際主義を打ち立てる力があるかどうか、という一点だけにかかっているということです。フランスには、固有の国として、そして国家として、自分を救えるチャンスはもうほぼありません。しかし、精神性という逆説的な資産と海外で行使している政治的伝統などを考えると、おそらくフランスは最後の努力によって、集団的運命のあり方に関して何か新しいものを提示できるでしょう。要するにフランスは――マルクスが昔ながらの階級闘争の地としてフランスを描いていたのとまったく同じように――、コミュニズムの新しいあり方が考察され、提示される地点になりうるでしょう。おそらく、これがフランスが人類全般にできる最後の貢献になるのではないかと思います。

フィンケルクロート　私としては、特に嬉しい気持ちもありませんが、われわれがポスト国家的な時代に入ったということを正式に申し上げておきましょう。おそらくフランスがバラバラになってしまったがために、わたしはシモーヌ・ヴェイユが話していたあの哀れみの愛国心というものをフランスに対して感じています。今、残念なのは、そのような優しさを激しく攻撃する保守主義を目にすることです。そのような攻撃は、私たちのこの長い対話を通して、あなたがご指摘なさった停滞感《メランコリー》をひどくするばかりです。

バディウ　あなたのメランコリー的な面について言及したときには、表には出さなくとも、つねにその思いを分かち合っていました。思うに、あなたはその点についてはご理解してくださったようです。さらに踏み込んで、私がしてきたことのある部分はまるまる、このメランコリーに対するエネルギッシュな闘いであったと定義できるでしょう。

訳註

序章

（1）　フィリップ・ミュレー（一九四五―二〇〇六）。フランスの作家、批評家。一九七〇年代からフィリップ・ソレルスら〈テルケル〉と活動をともにし、雑誌上で文芸批評を展開する。『精神的悪魔払い』（全四巻）、『歴史以後』（全二巻）は雑誌に掲載された論考、対談を纏めたものである。主著に『善の帝国』（*L'Empire du Bien*, Les Belles Lettres, 1997）、『セリーヌ』（*Céline*, Éditions de Seuil, 1981）などがある。

（2）　一八九八年二月一四日付けの「フィガロ」紙に掲載された、カラン・ドーシュの手になる「家族の夕食」は上下ふたつのイラストからなる。上段は家族が夕食の食卓を囲む場面に「とりわけ！　ドレフュス事件のことは口にしないように！」との一文が付され、下段には「彼らはそのことを口にしてしまった」という言葉とともに、家族全員が激しく取っ組み合いを繰り広げる光景が描かれている。

（3）　ヴィクトル・ユゴー『ヴィクトル・ユゴー文学館　第一巻詩集』辻昶他訳、潮出版社、二〇〇〇年。

（4）　アラン・バディウ『サルコジとは誰か？――移民国家フランスの臨界』榊原達哉訳、水声社、二〇〇

九年（Alain Badiou, *De quoi Sarkozy est-il le nom ?*, « Circonstances 4 », Éditions Lignes, 2007）。

（5） Alain Badiou, *L'être et l'événement*, Éditions de Seuil, 1998.

（6） 二〇〇五年にフランス全土で発生した暴動。詳細は第一章訳註（23）参照。

（7） アラン・フィンケルクロート『思考の敗北あるいは文化のパラドクス』西谷修訳、河出書房新社、一九八八年（Alain Finkielkraut, *La Défaite de la pensée*, Gallimard, 1987）。

（8） レヴィナス研究学院はベニー・レヴィ、ベルナール＝アンリ・レヴィ、アラン・フィンケルクロートらによって、二〇〇〇年、エルサレムに設立された。

（9） 第二章訳註（38）参照。

（10） Slavoj Zizek, « Badiou pense à tout », *Libération*, le 22 mars, 2007.

（11） 第二章訳註（8）参照。

（12） 資本主義の発達した国において資本主義の崩壊から国家の社会主義化を目指すソ連派左翼に対して、資本主義の未発達な第三世界の国々を資本主義を経ることなく社会主義化し、それによって世界革命を主導するのが第三世界主義と呼ばれる。

（13） Alain Badiou, *Les Circonstances 3. Portée du mot « juif »*, Édition Lignes, 2005 (repris dans les Éditions Léo Scheer, 2008).

（14） クロード・ランズマン（一九二五―）。フランスの映画監督、ジャーナリスト。シモーヌ・ド・ボーヴォワールから引き継いで、一九八六年から「レ・タン・モデルヌ」誌の編集長を務める。ナチスドイツによるユダヤ人大虐殺についてユダヤ人、元ナチス党員、ホロコーストを黙殺したポーランド人への、九時間半にも及ぶインタビュー映画「ショア」で知られる。

（15） セシル・ウィンターについては、第二章訳註（32）参照。

（16） Alain Badiou, *Les Circonstances 3. Portée du mot « juif »*, les Éditions Léo Scheer, 2008, p. 9.

（17） Jean-Paul Sartre et Benny Lévy, *L'espoir maintenant*, Verdier, 1991.

（18） ヘブライ語で「教え」を意味するトーラー Torah は旧約聖書のうち「モーセ五書」（『創世記』『出エジプト記』『レビ紀』『民数紀』『申命紀』）を指すと同時に、旧約聖書全体あるいはユダヤの教え全体を指すこともある。

第一章

（1） 二〇一〇年三月のフランス地方選挙をさす。これに先立って、二〇〇九年一〇月二五日に移民相（当時）エリック・ベッソンは、「ナショナル・アイデンティティ」および「今日においてフランス人とは何か」について広く国民に議論を投げかけ、同年一一月二日、「ナショナル・アイデンティティ」に関する全国規模の討論会開催令を副県庁に通知した。これに社会党のフランソワ・オランド（前大統領）が「愛国主義と移民恐怖症を増長させるだけ」と批判した。選挙において「ナショナル・アイデンティティ」を争点とすることは、二〇〇七年の大統領選挙の時、中道右派政党「国民運動連合」UMP（＝二〇一五年に「共和党」Les Républicains に名称変更）から出馬したニコラ・サルコジの提案に端を発している。その目的は大統領選の有力候補である社会党党首セゴレーヌ・ロワイヤルとの対立姿勢を打ち出すというよりも、移民排斥を掲げる極右政党の支持者を取り込むことにあった。大統領選に勝利したサルコジは以後、二〇〇九年六月のヨーロッパ議会選挙、二〇一二年大統領選挙の際にもアイデンティティ問題を争点化している。エリック・ベッソンについては、本章訳註（4）を参照。

（2） ジョゼフ・エルネスト・ルナン（一八二三—一八九二）。フランスの宗教史家、文献学者、思想家。主著『キリストの生涯』（一八六三）でキリストを神格化することなく普通の人間として理解し、聖書に批判的な検討を行ったことで知られる。後述の引用は、一八八二年三月一一日にソルボンヌ大学で行われた講演『国民とは何か』から。一八七〇年の普仏戦争の敗戦、アルザス＝ロレーヌ地方のドイツ併合を背景として、「国民」を人種・民族・言語によってではなく、「精神原理」、「ともに生きる意志」によって規定する思想を提唱した。エルネスト・ルナン他『国民とは何か』鵜飼哲他訳、インスクリプト、一九九七年、五五頁。

(3) リシャール・デコワン(一九五八―二〇一二)。フランスの国務院評定官で、一九九六年から死ぬまでグラン・ゼコールのひとつであるパリ政治学院長を務める。サルコジが大統領に就任すると、高校改革の任を担い、進路指導、技術教育、一般バカロレアの均衡回復、外国語教育などの改革案を打ち出した。マルク・ブロック(一八八六―一九四四)。フランスの歴史学者で、リュシアン・フェーヴルとともにアナール学派を立ち上げる。第二次世界大戦中にレジスタンス運動に加わり、ドイツ軍に捕縛されて銃殺された。

(4) エリック・ベッソン(一九五八―)はマラケシュ生まれの政治家。当初は社会党に加わっていたが、二〇〇七年フランス大統領選挙の際に、UMPの大統領候補ニコラ・サルコジの選挙活動に参加。二〇〇九年から二〇一二年にかけて、移民・同化・ナショナル・アイデンティティ・連帯的発展大臣、産業大臣を歴任した。サルコジ＝ベッソンの提唱に関しては第一章訳註(1)を参照。

(5) アラン・バディウ『サルコジとは誰か?――移民国家フランスの臨界』榊原達哉訳、水声社、二〇〇九年。

(6) ヴィシー政権下においては、フランスの三色旗を表す「自由・平等・友愛」の標語は、「労働・家族・祖国」に置き換えられていた。

(7) 二〇〇九年一二月九日にサルコジ大統領が行った演説。シャペル＝アン＝ヴェルコールでは、第二次世界大戦中、ドイツ軍により一二人の村民が銃殺され、その記念碑が残されている。

(8) アーサー・ケストラー(一九〇五―一九八三)。ユダヤ人ジャーナリスト、作家。一九三〇年頃からドイツ最大の通信社ウルシュタインの記者として、台頭著しいナチスを批判する傍ら、マルクス主義に心酔し、ドイツ共産党に入党。しかしソビエト滞在中に目にしたスターリンによる全体主義的独裁体制に失望し、スターリン独裁の現実を暴いた『真昼の暗黒』(一九四〇)を執筆する。第二次世界大戦中は一貫して反ナチズム、反ファシズムの論陣を張った。他の著作にホロコーストを題材とした『出発と到着』（一九四三）、『機械のなかの幽霊』（一九六七）がある。本文中の引用は『ケストラー自伝・目に見えぬ文字』甲斐弦訳、彩流社、一九九三年。

（9）　二〇〇一年一〇月六日、サン＝ドニのスタッド・ド・フランスで行われたフランス対アルジェリアのサッカー親善試合は、アルジェリアが独立して最初の両国の対戦であった。試合開始前にアルジェリア国歌に続いてフランス国歌が演奏されると、スタジアムを埋めたアルジェリア・サポーターは大ブーイングを浴びせた。試合は四対一でフランスが優位に進めていたが、後半二〇分過ぎ、アルジェリア・チームのふがいなさに怒ったアルジェリア・サポーターが次々にピッチ上へと雪崩れ込み、そのまま試合は中断された。その約八年後の二〇〇九年一一月一九日、スーダンのアル・メレイフ・スタジアムで行われた二〇一〇年W杯アフリカ予選プレーオフ、アルジェリア対エジプトは一対〇でアルジェリアが勝利し、六大会ぶり三回目のW杯出場を決めた。

（10）　シャルル・ペギー（一八七三―一九一四）。フランスの愛国的詩人、思想家。ドレフュス事件では、戦闘的なドレフュス派であった。第一次世界大戦に従軍し、戦死。エドゥアール・ドリュモン（一八四四―一九一七）。フランスのジャーナリスト、作家、政治家。激烈な反ユダヤ主義で知られ、彼の著作『ユダヤ化するフランス』（一八八六）は、一九世紀末から二〇世紀前半の反ユダヤ主義者にとってはバイブル同然だった。

（11）　ジョルジュ・ベルナノス（一八八八―一九四八）。フランスのカトリック作家。代表作『悪魔の陽の下に』（一九二六）や『田舎司祭の日記』（一九三六）はともに映画化されている。ロベール・ブラジヤック（一九〇九―一九四五）。フランスの小説家。高等師範学校を出て、極右団体「アクション・フランセーズ」に参加。第二次世界大戦中、ファシズムに賛同し、対独協力。戦後、銃殺刑に処される。

（12）　フランス革命後に制定されたフランス最初の憲法、一七九一年憲法の第一条条文。この憲法では国民主権が謳われるものの一定の納税者のみによる制限選挙であり、立憲君主制を採用するなど、革命の理念からは大きく後退したものであった。一七九二年八月一〇日、ルイ一六世とマリー・アントワネットら国王一家を襲ったテュイルリー宮殿襲撃事件で王制が事実上解体すると、一七九一年憲法も効力を失った。

（13）　Louis Aragon, « Du poète à son parti », *La Diane française*, Pierre Seghers, 1944.

（14）　レジス・ドゥブレ（一九四〇―）。フランスの哲学者、作家。エコール・ノルマル在学中にアルチュセールに出会い、マルクス主義へ傾倒する。キューバに渡航し、カストロやチェ・ゲバラと知り合い、ゲリラ戦に参加する。治安警察に拘束されるも、ジャン＝ポール・サルトルやアンドレ・マルロー、シャルル・ド・ゴールらの釈放を求める運動により釈放される。「高度な社会的機能を伝達作用の技術的構造との関わりにおいて扱う学問」として「メディオロジー」を提唱。現在はリヨン第三大学教授。主著に『革命のなかの革命』谷口侑訳、晶文社、一九六七年、『一般メディオロジー講義』西垣通監修、嶋崎正樹訳、NTT出版、二〇〇一年などがある。エリザベス・ド・フォントネー（一九三四―）。フランスの哲学者。主著に *Les figures juives de Marx: Marx dans l'idéologie allemande*, Galilée, 1973 や *La Silence des bêtes, la philosophie à l'épreuve de l'animalité*, Fayard, 1998 などがある。エリザベス・バダンテール（一九四四―）。フランスの哲学者、フェミニスト。主著に *L'Amour en plus*, Flammarion, 1980 や *XY, de l'identité masculine*, Odile Jacob, 1992 がある。カトリーヌ・キンツラー（一九四七―）。フランスの哲学者、美学者。主著に *Poétique de l'opéra français - de Corneille à Rousseau*, Minerve, 1991 や *Penser la laïcité*, Minerve, 2014 がある。

（15）　ボビニーはパリ郊外北東部に位置する都市。ハラルはイスラム教で定められた手順で加工された食肉のこと。

（16）　Albert Camus, *Essais*, *Introduction par Roger Quilliot*, édition établie et annotée par Roger Quilliot et Louis Faucon, Gallimard « Bibliothèque de la Pleiade », 1975.

（17）　René Char, « Billets à Francis Curel. IV (1948) », *Œuvres complètes*, Gallimard « Bibliothèque de la Pleiade »,

p. 637.

(18) ジャン＝ポール・サルトル「アルベール・カミュに答える」(佐藤朔訳)、『サルトル全集シチュアシオンIV』、人文書院、一九六四年、九八頁。

(19) 帰ヒトラー法 reductio ad hitlerum とは帰謬法 reductio ad absurdum から派生した表現。初出は一九五一年にレオ・ストロースが「メジャー」誌に寄稿した論文であるが、インターネット上で展開される議論に関する法則、ゴドウィンの法則、「インターネット上での議論が長引けば長引くほど、ヒトラーやナチを引き合いに出すことが多くなる」によって、広く知られるようになった。

(20) モーラス主義は、王党派、極右の作家、ジャーナリスト、シャルル・モーラス（一八六八—一九五二）の思想傾向。シャルル・モーラスはドレフュス事件の最中、一八九九年、自らが中心となって右翼政治団体「アクション・フランセーズ」を結成、同団体の機関誌「アクション・フランセーズ」を通して、言論界に大きな影響力をふるった。共和制と民主主義を非難し、王政復活を標榜。第二次世界大戦中は、占領下のペタン政権を積極的に支持した。戦後は対独協力の廉で終身禁固刑となる。

(21) インターネット上のみで展開する有料情報誌「メディアパール」が、二〇〇九年末、ナショナル・アイデンティティに関する議論を国内に呼びかける政府の動きに対して「われわれは議論しない」と題して、これに反対するキャンペーンを展開した。ここで引用されているのは、この「メディアパール」の呼びかけに応じて、ジャーナリストであり、「メディアパール」の創設者の一人であるエドゥウィ・プルネル Edwy Plenel が寄せた論説、« Une honte nationale » からの抜粋である。http://www.mediapart.fr/journal/france/081209/une-honte-nationale-le-parti-pris-dedwy-plenel（最終閲覧日二〇一八年二月二二日）

(22) Alain Badiou, *Théorie du sujet*, Seuil, 2008.

(23) AC le feu〔正式な表記は ACLEFEU（Association Collectif Liberté, Égalité, Fraternité, Ensemble, Unis）だが、発音上は「火はうんざりだ」Assez le feu を意味している〕. 二〇〇五年一〇月二七日、パリ北西のクリ

シー＝スー＝ボワで、ふたりの少年が警察官に追われ、変電所で感電死した事件に端を発し、フランス全土に広がった暴動では、一一月一七日に仏国家警察総局が平穏を取り戻したと宣言するまでの約三週間の間に、九一九三台の車が放火され、二九二一人が警察に身柄を拘束された。AC le feu はこの暴動後に結成された組織で、郊外の民衆と行政組織を繋ぐ活動をしている。

(24) アラン・フィンケルクロートは、ポーランドからフランスに移住してきたユダヤ人を父母に持つ。父はアウシュヴィッツを生き延びた人物であり、母も家族を絶滅収容所で失っている。フィンケルクロート自身は戦後一九四九年パリ生まれ。

(25) ポーランドの映画監督ロマン・ポランスキーは、アメリカに移住後の一九七七年、当時一三歳の少女への淫行行為で三二年を経た二〇〇九年に逮捕され、司法取引により法定強姦の有罪判決を受けた。しかし保釈中に映画撮影のためと偽ってアメリカを出国し、フランスに移住し、市民権を得る。二〇〇九年九月、チューリッヒ映画祭で「生涯功労賞」を受賞するため、スイスを訪れたところ、スイス司法当局に身柄を拘束された。これに関しヨーロッパ各国でポランスキー擁護とそれに対する反論が沸き上がったが、二〇一〇年七月一二日に釈放された。

(26) Olivier Mongin, « Emballements et déballages (Polanski-Mitterand) », *Esprit*, novembre, 2009.

(27) 『情勢3 「ユダヤ」という言葉の射程』(Alain Badiou, *Circonstances, 3. Portées du mot « juif »*, Lignes & Manifeste, 2005, repris par Éditions Léo Scheer depuis 2008. 未邦訳）は、アラン・バディウが『情勢』というタイトルのもとにまとめた時事論集の第三巻目にあたる（二〇一五年現在、全七巻まで出版されている）。なお、同じ『情勢』という総タイトルのもとに出された四巻、五巻の二冊は、以下のタイトルで邦訳されている。『サルコジとは誰か？――移民国家フランスの臨界』榊原達哉訳、水声社、二〇〇九年。『コミュニズムの仮説』市川崇訳、水声社、二〇一三年。

(28) フランスの女性ラッパー、ディアム（一九八〇―）の二〇〇七年に発表された « Ma France à moi » のなかの歌詞。ギリシャ系キプロス人の父とフランス人の母との間に、キプロスで生まれたディアムは、両親の離婚に伴い、三歳でフランスに移住。九〇年代にDr. DreやNTMの影響を受けて、ラップの世界に足を踏み入れ、Mafia Treceというグループを結成し、一九九七年にレコード・デビュー。移民や貧困などの社会問題や国民戦線党首マリーヌ・ルペンやサルコジ大統領を揶揄した曲などを発表する。二〇一二年九月三〇日にフランスのテレビ局TF1の番組に初めてヘジャブを身につけて出演し、ラップ歌手としての引退を宣言した。

(29) ラマ・ヤド(一九七六―)。フランスの女性政治家。セネガル生まれで一一歳の時に家族とともにフランスに移住。サルコジ政権下でスポーツ閣外相などを歴任するも、二〇一〇年にUMPを離党し、ジャン=ルイ・ボルロー率いる急進党に加入。現在はユネスコのフランス大使を務める。ヤニック・ノア(一九六〇―)。元プロテニス選手で、二〇一五年現在、フランス人男子としては最後の四大大会シングル優勝者(一九八三年全仏オープン)。父ザシャリはカメルーン出身のプロサッカー選手で、引退後はヤニックを連れてカメルーンで暮らしていたが、テニス選手としてのヤニックの才能を見出した黒人テニス選手の先駆者アーサー・アッシュにより、フランスでテニス選手としてデビューする。また現役中から音楽活動も行い、歌手として一九九〇年から現在にいたるまで一四枚のアルバムを発表している。息子ヨアキムはシカゴ・ブルズに所属するNBAプレーヤー。

(30) クロード・レヴィ=ストロース『はるかなる視線〈1〉』三保元訳、みすず書房、二〇〇六年、三四頁。

第二章

(1) この対談が行われた二〇一〇年当時のフランスは、二〇〇七年に大統領に就任したニコラ・サルコジのもと、彼の所属する中道右派の国民運動連合が政権運営を行っていた。サルコジ大統領は、現状不満から保守層の支持が極右政党の国民戦線へ流れているのを察知し、それを回収すべく政策や党のカラーをより鮮明に右寄りのそれへと移行した。しかし、二〇一二年の大統領選では、敵対する中道左派、社会党の候補フランソワ・オランドに破れ、政権与党の座を明け渡すことになった。

（2）　週刊誌「ミニュットゥ」は一九六二年に創刊された極右の風刺週刊誌。ここで問題とされている人物は、一九八〇―八七年まで「ミニュットゥ」誌の編集長を勤めたジャーナリスト兼歴史家のパトリック・ビュイッソン（一九四九―）をさす。ビュイッソンは学生時代から反共産の極右勢力に加わり、ジャーナリズムの世界でも一貫して極右雑誌の編集を務め、早くから極右政党国民前線を支持した。九〇年代半ばからはラジオなどで数々の政治番組を手がけると同時に、極右政治家の顧問役としても活躍。二〇〇五年に当時内務大臣だったニコラ・サルコジにその手腕を認められて顧問役となり、二〇〇七年の大統領選でサルコジを勝利に導いた一人となる（この貢献に対して、サルコジはビュイッソンにレジオン・ドヌール勲章を授与している）。以後、正式なポストはなかったもののサルコジ政権下で政策提言にあたり、とりわけ本書の一章で議題となったナショナル・アイデンティティならびに移民問題を扱う省庁の創設に関わったとされる。

（3）　Alain Badiou, *Circonstance, 3. Portées du mot « juif »*, Éditions Léo Scheer, 2008, pp. 12-13.

（4）　ウラジミール・ラビノヴィッチ（一九〇六―一九八一、筆名ラビ）。リトアニア生まれのフランスで活躍したユダヤ人作家。

（5）　「コリントの信徒への手紙　四―一二」、『聖書　新共同訳』日本聖書協会、二〇〇三年、三〇四頁。

（6）　ラウル・ヒルバーグ（一九二六―二〇〇七）。オーストリア出身のアメリカのユダヤ系歴史家。ヨーロッパにおけるユダヤ人大量虐殺の歴史研究のパイオニアと見做されている。ここでバディウが参照しているのは、代表作『ヨーロッパ・ユダヤ人の絶滅』（上・下巻、望田幸男、原田一美、井上茂子訳、柏書房、二〇一二年）の、特に第三章「絶滅の構造」と思われる。

（7）　邦訳はアラン・バディウ『聖パウロ　普遍主義の基礎』長原豊、松本潤一郎訳、河出書房新社、二〇〇四年。

（8）　ジャン＝クロード・ミルネール（一九四一―）。ユダヤ系のフランス人言語哲学者。バディウと同じ高等師範学校出身で、かつては毛沢東主義に傾倒していたことから、永らくバディウとは良好な関係にあったが、バディウのイスラエル批判が顕著になった二〇〇〇年以降、二人の仲は決裂。極左の思想を貫くバディウに対して、ミルネールは二〇〇二年頃から急速に言説に政治色を強め、フランスの新自由主義知識人として知られるようになっている。

（9）　フランソワ・フュレ（一九二七―一九九七）は、フランスの歴史家。とりわけフランス革命に関する仕事で知られている。一九五六年まで共産党に属し、その後党を離れても政治的には常に左派で、高等教育の改革を押し進めた。

（10）　レイモン・アロン（一九〇五―一九八三）。ユダヤ系のフランス人哲学者。高等師範学校でジャン＝ポール・サルトルと出会い、友情を結んだ。自由主義者アロンは、第二次世界大戦時、フランスがドイツに占領されるとイギリスに渡り、ド・ゴール将軍とともにレジスタンス運動に関わった。全体主義に断固反対し、ソビエト共産主義政権にも敵対的であった。

（11）　*Alain Badiou, Circonstances 3. Portées du mot « juif », op. cit.*, p. 25.

（12）　ピウス一二世（一八七六―一九五八）。イタリア出身のローマ・カトリック教会の教皇。在位期間は一九三九―一九五八年で、第二次世界大戦を含む。大戦中は公正を貫き、ドイツのユダヤ人迫害を正面から非難しなかったため、戦後、かなりの批判を浴びた。フィンケルクロートの発言は、ヨハネ＝パウロ二世の時代に入り列聖調査が進められた結果、二〇〇九年、ピウス一二世にも聖人化の前段階にあたる「尊者」の表号が認められたことを受けているると思われる。

（13）　マイケル・ウォルツァー（一九三五―）。ユダヤ系のアメリカ人政治・倫理哲学者。リベラル左派の論客であったが、〈九・一一〉以降は、その後のアメリカの軍事行動を正当化するイデオローグとしても知られ、一九七七年に上梓した『正しい戦争と不正な戦争』(萩原能久監訳、風行社、二〇〇八年)とそこで提起した「正戦」の概念も再び注目を集めるようになった。

(14)「国際主義」internationalisme は、「民族国家の主権を尊重した上で諸国家、諸民族の共存共栄と国際社会の発展を願う思想」(ブリタニカ国際大百科事典)としてではなく、よりマルクス主義的観点から発せられたプロレタリア国際主義と捉えるべきで、国家への忠誠よりも階級闘争を、国家間の連帯よりは国家を超えたプロレタリアートの国際的連帯を説く。一九世紀後半、とりわけロシア革命以後、共産主義の主要な潮流を成してきた思想である。

(15) ヤセル・アラファト(一九二九—二〇〇四)。パレスチナの軍人、政治家。永らくパレスチナ解放機構(PLO)のリーダーとして、対イスラエルのゲリラを主導してきたが、冷戦崩壊後、平和路線に切り替え、イスラエルと和平共存の道を模索した。その功績を認められ、イスラエルのイツハク・ラビン首相(当時)とともに、一九九四年にはノーベル平和賞を受賞している。

(16) 邦訳は、ハンナ・アレント『人間の条件』志水速雄訳、ちくま学芸文庫、一九九四年。

(17) ハンナ・アレント「カール・ヤスパース」、『暗い時代の人々』阿部齊訳、ちくま学芸文庫、二〇一〇年、二七六頁。

(18) 既出のアラン・フィンケルクロート『思考の敗北あるいは文化のパラドクス』のこと。序章訳註(7)参照。

(19) 二〇〇六年九月、法王ベネディクト一六世(在位二〇〇五—二〇一三)は、出身地のドイツ・バイエルン地方にある都市レーゲンスブルグで行った講演「信仰、理性、大学」において、「信仰は強制できるか」という問題にふれたが、その際のイスラム教解釈が多くのイスラム教徒の反感を招くことになった。

(20) レヴィ゠ストロースは一九七一年三月二二日、ユネスコで「人種と文化」と題した講演を行っている。なお、これ以前の一九五二年、ユネスコの人種問題を扱った小冊子シリーズの一冊として、レヴィ゠ストロースは『人種と歴史』（荒川幾男訳、みすず書房、二〇〇八年新装版）を上梓している。

（21） クロード・レヴィ＝ストロース『はるかなる視線〈1〉』三保元訳、みすず書房、一九八六年。

（22） ヘルマン・コーエン（一八四二―一九一八）。ドイツのユダヤ人哲学者。一八七六年よりマールブルク大学教授で新カント派として知られる。一九一二年よりベルリンのユダヤ教大学の教授を務めた。

（23） フランツ・ローゼンツワイク（一八八六―一九二九）。ドイツのユダヤ人宗教哲学者。H・コーエンなどの影響を受け、神学と哲学の結合を試みた。

（24） シャルル・モーラスについては第一章訳註（20）を参照。

（25） Alain Finkielkraut, *Au nom de l'Autre. Réflexions sur l'antisémitisme qui vient*, Gallimard, 2003（未邦訳）は、二一世紀の新たな反ユダヤ主義を危惧する三〇頁強のエッセイ。ここで、ランスランが「二〇〇五年」としているのは、二〇〇三年の間違いではないかと思われる。

（26） 歴史の意義は進歩にあると考える「進歩主義 progressisme」は、特に第二次世界大戦後のフランスにおいては、マルクス思想の影響下、進歩とともに社会主義社会の建設を目指す共産主義系の思想を指す。

（27） モニク・シュミリエ＝ジャンドゥロー（一九三五―）。フランス人法学者、パリ第七大学名誉教授。「世界の民主主義と人権のためのヨーロッパ法学者協会」名誉会長であり、人権運動家として知られる。シュミリエ＝ジャンドゥローは、多くのパレスチナ市民が犠牲となった二〇〇九年のイスラエル国防軍のガザ攻撃に抗議する署名にサインしている。

（28） ジャン・ソレール（一九三三―）。一神教を専門とするフランス人歴史哲学者。『一神教の暴力』（*La violence monothéiste*, Editions de Fallois, 2009. 未邦訳）では、時に宗教的な理由から過剰な暴力に走る過激派というのは、どの宗教においても生じうる偶発的、かつ一過性のものではなく、とくにユダヤ、キリスト、イスラムの三つの一神教に内在的に備わった傾向であるとして、論じている。

（29） エリコとはパレスチナにかなり古くからある街で、旧約聖書ヨシュア記では、イスラエル人が周辺部族を武力で制圧し、約束の地を征服していく物語の中に、「エリコの戦い」も記されている。ここでヨシュア率いるイスラエル人は、助けを乞うて彼らの側についた娼婦ラハブの一族をのぞき、エリコの民を絶滅させたとされる。

(30) 一九六七年以前のイスラエルと諸隣国との国境ラインを指す。一九四九年のイスラエルとアラブ諸国との休戦協定での合意に基づいて引かれたもので、その後、一九六七年第三次中東戦争がイスラエル側の圧倒的な勝利で終結した際、イスラエルはガザ地域をはじめ、エルサレム周辺のヨルダン川西岸、シナイ半島(一九八二年、エジプトに返還)など、このグリーンラインを越えて、大きく領土を拡大した。

(31) Alain Badiou, *Circonstance, 3. Portées, du mot « Juif »*, *op. cit.*, p. 24. すぐ後で、バディウは引用箇所を一四頁としているが二〇〇八年以降の Édition Léo Scheer 版では、二四頁にあたる。

(32) 『情勢3 「ユダヤ」という言葉の射程』は、最後に付記としてセシル・ウィンターの論文「新アーリア人の主のシニフィアン」(二〇〇四年執筆)がバディウの責任のもと掲載されている。『情勢3』にある説明によれば、セシル・ウィンターはエイズを専門とする病院勤務医師である。

(33) 「主のシニフィアン」signifiant-maître とは、精神分析家ジャック・ラカンの用語。

(34) 「赤広告」l'affiche rouge とは、フランス移民による共産党系武装レジスタンス合同組織「ヨーロッパ十字軍狙撃党—移民労働者連合部隊」Francs-tireurs et partisans–main-d'œuvre immigrée (FTP-MOI) の運動家二三人が一九四四年二月二一日に処刑された際、フランスの大都市に張られたドイツ軍による大型の反レジスタンス広告をさす。処刑者二三人のうち一〇人の顔写真が赤い背景に浮かび上がる形でデザインされていた。処刑されたレジスタンス運動家の中には中央、東ヨーロッパ出身のユダヤ人たちも含まれていた。

(35) パウル・ツェラン「山中の対話」『パウル・ツェラン詩文集』飯吉光夫編・訳、白水社、二〇一二年、一五七頁。

(36) 「口にできない名」というのは、引用されているツェランの「山中の対話」に出てくる表現。

（37）　ここに列挙されたユダヤ人のうち、調べがついた人物について、注を付しておく。シュムエル・ズィギェルボイム（一八九五―一九四三）。ポーランドのユダヤ人政治家。一九三九年にロンドンに亡命し、そこで反ナチス運動を続けていたが、一九四三年五月、ワルシャワ・ゲットーで起きた蜂起とその後の大虐殺に対して、批判の声を挙げない連合国に抗議して自殺。ルドルフ・ヴルバ（一九二四―二〇〇六）はスロバキア出身のユダヤ人で、一九四二年にアウシュヴィッツ収容所に収監されるも、一九四四年に脱走に成功。数少ないアウシュヴィッツの生き残りとして、数々の証言を残している。クロード・ランズマン監督の「ショアー」（一九八五）の証言者のひとりでもある。モルデハイ・アニエレヴィッツ（一九一九―一九四三）。ワルシャワ・ゲットーユダヤ戦闘隊の指揮官となり、ワルシャワ・ゲットー蜂起に総司令官として参加し、死亡。ツビア・ルベトキン（一九一四―一九七八）は、一九三九年のドイツのワルシャワ侵攻後、ポーランドで展開した地下ナチス抵抗組織の女性指導者。ポーランドでのホロコーストを生き延び、一九四六年、パレスチナに移住。

（38）　ルノー・カミュ（一九四六―）。フランス人作家。デビュー当初はヌーボー・ロマンの作家たちに影響を受け、友人でもあったロラン・バルトのセミネールに参加していた。政治参加も活発で、自ら政党を起こし、多くの政治エッセイを発表しているが、ここ数年、移民に反対し、フランスにおける伝統文化と民族の継承を危惧する発言から、一部のジャーナリストからは「極右」と見なされている。邦訳書としては『トリックス』山岡捷利訳、福武書店、一九九一年がある。

（39）　フランス・キュルチュールとはフランスのラジオ文化放送局で、アラン・フィンケルクロートはここで知識人を招いて行うディスカッション番組の司会を担当している。アラン・バディウもしばしばこの局の哲学枠で講義を放送している。

（40）　パリ理工科学校は、フランスの高等教育機関グランド・ゼコールのなかでも特に優秀なエリート校の一つで、国防省の所管。アラン・フィンケルクロートは一九八九年から二〇一四年夏まで、ここで思想史と哲学の教授として教鞭をとっていた。

(41)　フィンケルクロートが引用した言葉は、一九一一年三月二八日付けのモーラスが主筆を務めていた日刊紙「アクション・フランセーズ」に発表されたモーラスの「精神的集団移住」Exode moral という、フランスでの公職や軍職につくユダヤ人増加に警鐘を鳴らす記事から取られている。集団的な国外脱出を意味する exode は、旧約聖書の「出エジプト」をさす言葉でもある。

(42)　二〇〇一年、南アフリカ共和国のダーバンで反人種主義・人種差別撤廃国際会議(ダーバン会議)が開催され、全世界で人種差別や不寛容と闘うという趣旨の宣言が採択されたが、この会議ではパレスチナ占拠をはじめとするイスラエルの政策が非難の対象となり、シオニズム非難が満場一致で決議された。アメリカ、イスラエルはこれに猛反発し、決議をボイコットした。またこの会議にあわせて一部のNGOが、反ユダヤ主義活動を展開した。第二回目の会議(「ダーバン2」)は、スイスのジュネーヴで二〇〇九年に開催されたが、前回の反ユダヤ主義的動向を警戒したアメリカとイスラエルは会議をボイコット。この両国に加え、カナダ、オーストラリア、ニュージーランド、ドイツ、イタリア、ポーランド、オランダ、スウェーデンも会議をボイコットした。

(43)　一九七五年に始まったレバノン内戦は、年月を経てシリアやイスラエルも交えたレバノン戦争へと発展していくが、この戦争でもっとも残虐な出来事としてあげられるのが、一九八二年にイスラエル軍の監視下、西ベイルートのパレスチナ難民キャンプ、サブラーとシャティーラで起きた、親イスラエルのレバノン民兵によるパレスチナ難民大量虐殺である。虐殺に手を下したレバノン民兵組織を率いていたのが、アラン・フィンケルクロートが後述する、エリー・ホベイカである。

(44)　アリエル・シャロン(一九二八—二〇一四)。イスラエルの軍人、政治家。第一五代イスラエル国首相(二〇〇一—二〇〇六)。シャロンはサブラーとシャティーラでのパレスチナ人虐殺当時、最高責任者である国防相だったため、国連でこのジェノサイドの責任を問われ辞任している。

（45）「共和国の原住民」Indigènes de la République とは、二〇〇五年にできた反人種差別、反シオニズムを標榜した政治運動集団。

第三章

（1）アラン・バディウ『コミュニズムの仮説』市川崇訳、水声社、二〇一三年、四八頁。

（2）Jean-Jacques Rousseau, Fragment de la lettres à Christophe de Beaumont, 1763.

（3）シモン・レイ（一九三五―二〇一四）。ベルギー生まれの中国研究家。主著に *Les Habits neufs du président Mao*, Champ libre, 1971 がある。

（4）Simon Leys, « Une idée de l'Université », *Le studio de l'inutilité*, Flammarion, 2012, p. 471.

（5）ここで「一方向的な教育法」pédagogie frontale と訳したのは、整然と机を並べた生徒たちを前に、教員が一方的に自らの知識を伝えていく、いわば伝統的な講義方式の授業を指す。

（6）電機メーカー、フィリップス・フランス社は、二〇一〇年二月一五日、プラズマテレビを製造していたドルー工場を閉鎖し、従業員に工場への立ち入りを禁じた。工場の閉鎖予定については前年一〇月の段階で公にされていたが、従業員への工場立ち入り禁止通知は二日前の二月一三日にされたばかりであった。またハンガリー語を話せる従業員にはハンガリー工場への再就職を斡旋する手紙も送られていた。従業員の訴えを受けてシャルトル大審裁判所は、工場の操業と労使交渉の再開、解雇手続き停止を同社に命じた。

（7）ジャン＝ジャック・ルソー『社会契約論』「第一篇第七章　主権者について」（作田啓一訳）、『ルソー全集　第五巻』白水社、一九七九年、一二五頁。

（8）François-René de Chateaubriand, *Mémoires d'outre-tombe*, Gallimard, « Bibliothèque de Pleiade », t. I, 1983, p. 1226.

（9）アレクシ・ド・トクヴィル『アメリカのデモクラシー　第二巻』上巻、松本礼二訳、岩波文庫、二〇〇八年、一九二頁。

（10）　Benjamin Constant, *Principes de politique, applicables à tous les gouvernements représentatifs et particulièrement à la constitution actuelle de la France*, Alexis Eymery, 1815, p. 17.

（11）　アレクシ・ド・トクヴィル『アメリカのデモクラシー　第一巻』下巻、松本礼二訳、岩波文庫、二〇〇五年、一三四―一三五頁。

（12）　一九五七年スウェーデンでのノーベル賞授賞演説。アルベール・カミュ「一九五七年一二月一〇日の演説」、『カミュ全集　第九巻』清水徹訳、新潮社、一九七三年、二一四頁。

（13）　アダム・スミス『法学講義 1762-1763』水田洋他訳、名古屋大学出版会、二〇一二年、九五頁。

（14）　ミシェル・フーコー『言説の領界』慎改康之訳、河出文庫、二〇一四年、一一―一二頁。

（15）　「ル・モンド」紙、二〇一〇年二月一三日号。

（16）　フローベールの言葉は一八七二年一二月四日付けのジョルジュ・サンドへの手紙のなかの言葉である。『往復書簡　サンド＝フローベール』持田明子訳、藤原書店、一九九八年。

（17）　ロラン・バルト『ロラン・バルト講義集成３　小説の準備――コレージュ・ド・フランス講義　一九七八―七九年度と一九七九―八〇年度』石井洋二郎訳、筑摩書房、二〇〇六年。Roland Barthes, *La Préparation du Roman I et II. Cours et séminaires au Collège de France (1978-1979 et 1979-1980)*, Paris, Le Seuil, 2003, p. 374.

第四章

（１）　おそらく、次のことわざの異文が引用されたものと思われる。An English man's house is his castle (= A man's house is his castle) とは、「イギリス人の家は城塞である」と訳せるが、要するに隣人との垣根は極言すれば、外敵から自分を守ってくれる城塞であり、何人も立ち入りできないプライバシーの牙城であるということを意味することわざ。ここからは、プライバシーを侵害しない適度な距離を保った人間関係をよしとする思想が読みとれる。

（2） オーランドー・ファイジズ（一九五九―）。ロシア史を専門とするイギリスの歴史家。ここでフィンケルクロートが紹介している著作は、スターリン時代の人々の生活を記した文献をまとめたオーラル・ヒストリーの大著。邦訳は『囁きと密告――スターリン時代の家族の歴史』上・下巻、染谷徹訳、白水社、二〇一一年。原書は二〇〇七年に出版され、フランスでは『囁く人たち』*Les Chuchoteurs* のタイトルで二〇〇九年に出版された。ここで引用されている逸話は、邦訳上巻第一章「革命の世代――一九一七―二八年」の最初に登場する。

（3） イサーク＝エンマヌイロヴィチ・バーベリ（一八九四―一九四〇）。ロシアの作家。ロシア革命時に軍に入隊、その後新政府でいくつかポストをこなすも、創作に専念するために退任。一九三九年に逮捕され、粛正された。代表作に『騎兵隊』、『オデッサ物語』などがある。

（4） スモーリヌイ女学院 Smolny Institut は一九世紀初頭、サンクトペテルブルグに立てられた女学校。ロシア革命の際に建物は、レーニンによってボリシェヴィキ党本部として使用され、ソビエト政府がクレムリンに移るまで、レーニンの居住地として使用された。

（5） アナトーリー・ルナチャルスキー（一八七五―一九三三）。ロシアの革命家、ソビエトの政治家。

（6） オーランドー・ファイジズ、同邦訳四八頁参照。

（7） アルベール・カミュ「ヴィジュリーのエマニュエル・ダスチエールへの返事」より。ちなみに、エマニュエル・ダスチエールは共産党員である。

（8） 通常、「人民戦争」guerre populaire という言葉からまず想起されるのは、毛沢東があらわした、全人民を武装、動員し、敵に打撃を与えるという一種のゲリラ軍事戦略である。

（9） 『諸世界の論理』（Alain Badiou, *Logique des mondes. L'Être et l'événement*, Seuil, 2006. 未邦訳）。なおこれは、すぐ後に言及される『存在と出来事』（Alain Badiou, *L'Être et l'événement*, Seuil, 1988. 未邦訳）の二巻

目にあたる。
(10) ハンス・ヨナス(一九〇三—一九九三)。ドイツのユダヤ人実存主義哲学者。現象学のフッサール、実存哲学のハイデガー、神学のブルトマンに支持し、ハンナ・アレントとは生涯の友であった。ここでアラン・フィンケルクロートが引用している著作の邦訳は、『責任という原理、科学技術文明のための倫理学の試み』加藤尚武監訳、東信堂、二〇〇〇年。
(11) ハンス・ヨナス、前掲書、三七八頁。
(12) 「ヒュブリス」hubris とはギリシャ語で、他人の権利を侵し、神々の力を侮る極度の自信や慢心のことをいい、ホメロス以来、これが神々の怒りを招くとされた。
(13) スパルタクス(?—紀元前七一)。古代ローマ奴隷反乱の指導者。ローマ共和政末期の前七三年反乱を起こし、ローマ軍を破って南イタリアを制圧したこともあったが、クラッススに鎮圧され敗死した。
(14) ローザ・ルクセンブルク(一八七〇—一九一九)。ポーランド出身でドイツで活躍した、マルクス主義の政治理論家、経済学者、革命家。社会民主党左派、ポーランド革命運動の指導者で、革命組織スパルタクス団を母体にドイツ共産党を結成。第一次世界大戦中の一九一九年一月、ドイツ革命に続き、一月蜂起を指導して、政府軍に虐殺された。革命の象徴的存在とされる。
(15) トゥッサン・ルーヴェルチュール(一七四三—一八〇三)。ハイチ生まれのフランス・アンティル諸島の、奴隷出身の黒人政治家。一七九一年から一八〇二年にかけて起きた解放運動であるハイチ革命で指導的な役割をになった。
(16) ウージェーヌ・ヴァルラン(一八三九—一八七一)。農民出身のフランスの社会運動家で、パリ・コミューンおよび第一インターナショナルのメンバー。
(17) パトリス・ルムンバ(一九二五—一九六一)。ベルギー領コンゴ生まれの政治家で、コンゴ民主共和国独立期の指導者であり、同国の初代首相。

(18)　ミシェル・ロカール（一九三〇―）。フランス社会党の政治家。
(19)　アラン・バディウ『サルコジとは誰か？――移民国家フランスの臨界』榊原達哉訳、水声社、二〇〇九年、一七八頁。
(20)　アラン・フィンケルクロートが引用しているバディウのテクストでは、「思想」「哲学者」という言葉はそれぞれ単数の指示形容詞と定冠詞をともなって記されており、この文脈だと解釈次第では思想には「コミュニズム」以外ないように読むこともできるし、哲学者という言葉は個々の哲学者ではなく、哲学者全体を抽象的に一括りに指しているように捉えられる。
(21)　フランツ・ローゼンツワイク（一八八六―一九二九）。ドイツのユダヤ人宗教哲学者。
(22)　エマニュエル・レヴィナス『全体性と無限』上・下巻、熊野純彦訳、岩波文庫、二〇〇五年、二〇〇六年（原著は一九六一年出版）。
(23)　レオ・シュトラウス（一八九九―一九七三）。ドイツ生まれで、アメリカで活躍したユダヤ系政治哲学者。『政治哲学とは何か』（近年の邦訳は『政治哲学とは何であるか？　とその他の諸研究』飯島昇蔵、石崎嘉彦、近藤和貴、中金聡、西永亮、高田宏史訳、早稲田大学出版部、二〇一四年）や『自然権と歴史』（塚崎智、石崎嘉彦訳、ちくま学芸文庫、二〇一三年）などの著作で知られる。
(24)　クロード・ルフォール（一九二四―二〇一〇）。全体主義の考察でよく知られるフランスの政治哲学者。メルロ＝ポンティに師事し、マルクス主義者からソビエトに批判的なトロツキストとして活躍したが、一九四七年にトロツキストとも別れ、一九四八年、後述のコルネリュウス・カストリアディスと雑誌『社会主義か野蛮か』を創刊した。
(25)　コルネリュウス・カストリアディス（一九二二―一九九七）。ギリシャ出身の哲学者。第二次世界大戦の頃にフランスに渡り、以後、フランスで活躍。もともとギリシャにいた頃から共産党に加盟し、フランスでもトロツキスト系の共産主義組織に参加していたが、一九四八年に袂をわかち、雑誌『社会主義か野蛮か』を創刊した。

(26) ミシェル・モンテーニュ『エセー 六』原二郎訳、岩波文庫、一九六七年、六〇頁。

(27) ミシェル・モンテーニュ『エセー 五』原二郎訳、岩波文庫、一九六七年、二六四、二六七頁。ただし、本文にあわせて若干、訳文を変更した。

(28) 『携帯版プチ・パンテオン』(Alain Badiou, *Petit Panthéon portatif*, La Fablique éditions, 2008. 未邦訳）は、サルトルをはじめ、バディウが自分と同世代のドゥルーズ、デリダ、ラカンなど、すでに世を去った二〇世紀の代表的なフランスの哲学者たちを取り上げ、必ずしも意見を共にしなかった彼らの思想を、オマージュを込めて分析した書。

(29) 「愛国者」patriote という言葉には、フランス革命期、「貴族」aristocrate と対比して「革命支持者」の意味もあった。

訳者あとがき

本書は Alain Badiou et Alain Finkielkraut, *L'explication - conversation avec Aude Lancelin*, Lignes, 2010 の全訳である。

「ヌーヴェル・オプセルヴァトゥール」誌で「文化」「思想」欄を担当するジャーナリスト、オード・ランスランの提案によって、二〇〇九年一二月一七日と二〇一〇年二月一六日に行われた、アラン・バディウ、アラン・フィンケルクロートによる討論を収録したものである。バディウ、フィンケルクロート両氏については、すでに邦訳書でも紹介されているので、ここでは簡単に二人の経歴を記しておこう。

アラン・バディウは一九三七年にモロッコの首都ラバトで生まれる。ともにエコール・ノルマル出身でアグレガシオン（高等教育教授資格）を取得した両親（父は数学、母は文学）と同様に、バディウもまたパリのエコール・ノルマル・シュペリウールで学ぶ。ここで当時哲学の助教を務めていたのはルイ・アルチュセールであり、バディウの修士論文の指導教官はジョルジュ・カンギレームであった。一九六〇年に哲学のアグレガシオンを首席で取得し、高校での教授経験を経た後、カンギレームの推薦を受けたミシェル・フーコーに声をかけられ、新しく創設されたパリ第八大学で教鞭をとる。その後、国際哲学学院の主任教授、エコール・ノルマルの哲学科主任教授を歴任している。

若い頃からサルトルを信奉していたバディウは政治的活動にも積極的に参加し、トゥールーズ市長を務めた父と同様に「統一社会党」の活動家として六八年五月を経験するが、その後、毛沢東主義に傾倒し、「フランスにおけるマルクス・レーニン共産主義連合」の設立に貢献する（一九八五年解散）。八〇歳を越えた現在に至るまで執筆活動やテレビ、ラジオ、インターネットなど様々なメディアで旺盛な活動を続けている。

アラン・フィンケルクロートは第二次世界大戦後の一九四九年生まれで、バディウの一二歳年下にあたる。父はパリ一〇区で皮革製造業を営む小企業の経営者で、両親はホロコーストを生き延びたユダヤ人である。アンリ四世校の高等師範学校受験準備級に進学したがユルム街のエコール・ノルマルには合格できず、サン＝クルーのエコール・ノルマルで学ぶ。一九七二年に文学の高等教育教授資格を取得し、高校で教えたのち、アメリカのバークレー校でフランス文学の授業を担当する。その後一九八九年から二〇一四年までエコール・ポリテクニークで教鞭をとる。

六〇年代末はバディウと同様に「フランスにおけるマルクス・レーニン共産主義連合」の一員であり、後にそこから分裂した「プロレタリア左翼」（一九六八年にベニー・レヴィによって設立）に参加していたが、第四次中東戦争でイスラエルを支持したことにより他のメンバーと対立し、左翼運動から遠ざかる。七〇年代になるとベルナール＝アンリ・レヴィやアンドレ・グリュックスマンに代表される「ヌーヴォー・フィロゾフ」たちと同様に、メディアを活動の場にするとともに、スターリニズム的全体主義と、その根源としてのマルクス主義を激しく攻撃し、七〇年代以降の左翼の退潮に加担した。また二〇〇〇年にイェルサレムに設立されたレヴィナス研究学院の創設者に名を連ね、レヴィナスの思想の普及に務めている。

ともに政治的な活動に進んで身を投じ、社会問題に対して積極的に発言を行い、またメディアにも頻繁に登場してきたにもかかわらず、バディウとフィンケルクロートの軌跡は、三〇年を越える活動のなかで、それほど交わることはなかった。しかし本書の対談以降、二人の顔合わせは舞台を移して、頻繁に繰り返し演じられることになる。二〇一〇年五月二〇日、テレビ局フランス3でフレデリック・タデイが司会を務める討論番組《Ce soir ou jamais》で激しい論戦を繰り広げたかと思えば、その一週間後の五月二七日には「ル・ポワン」誌上でエリザベス・レヴィを交えての討論、そして二〇一一年三月二四日には《Ce soir ou jamais》への二度目の出演、さらにフィンケルクロートが構成・司会を務めるフランス・キュルチュールのラジオ番組《Répliques》へのバディウのゲスト出演（二〇一二年一〇月二七日）と、二年ほどの短期間に二人の激昂する声やしかめ面、不快感の露わな仕草が頻繁にメディアで流されるだけでなく、熱のこもった討論の緊迫した雰囲気さえもがメディア越しに感じられた。たとえメディア受けしそうな激しい口調が二〇一〇年に出版された本書のプロモーションの一環であるという事情はあるにせよ、政治的に対極に位置する思想を容赦なくぶつけ合うこと、またそうした議論の可能性が存在すること自体に十分な意義があると思われた。

しかしこれ以降、現在にいたるまで二人が顔を合わせる機会は訪れていない。二人の断絶が顕在化したのは二〇一五年のことである。フィンケルクロートは、一九八五年に始まった自身のラジオ番組の三〇周年を祝う記念回にバディウを招待したが、バディウはそれを拒否し、その理由をフィンケルクロートに宛てた公開書簡という形で「ヌーヴェル・オプセルバトゥール」誌上で公表した。その書簡によれば、彼らが頻繁に議論を行っていた時、フィンケルクロートの発言はすでに反動的ではあったものの、公正かつ真摯なものであった。誰であれ思想を変えることはできるし、「善」へと転向することは可能であると信じていた。しかしフィンケルクロートが二〇一三年に出版した『アイデンティティの不幸』は、バディウの目からは、「完全に一線を越え」ており、彼の思想のなかで、民族国家によるネオナチ的な概念が中心を占めるようになってしまった。これが、バディウがフィンケルクロートのラジオ番組の出演を拒んだ理由である。このバディウの書簡が公開されたのは二〇一五年一一月一二日、奇しくもパリで一三〇人もの死者、三〇〇名以上の負傷者をもたらしたパリ同時多発テロが勃発する前日であった。

このテロの後、フィガロ誌のインタヴューに答えたフィンケルクロートは、「我々は「歴史の終わり」の終わり」に生きており、歴史の回帰は、性別や年齢、出自、職業に関わりなく、たまたまそこに居合わせただけの人々をなぎ倒す災厄をもたらすと述べている。その原因は、大学人、知識人、ジャーナリストらが、いまだ第二次世界大戦時のヒトラーの忌まわしき記憶、敵とは絶対的な他者であり、絶対的他者としてのユダヤ人こそ真の敵であると見なしたヒトラーの影響から完全に抜け出せていないからであり、それゆえ知識人たちはどれほど敵が我々に対して憎しみを露わにしようとも、彼らを敵とみなすことを拒んできた。敵はつねに「他者」であるがゆえに、「他者」は敵であると同定することへのためらいがテロという最悪の事態を招いてしまったと、フィンケルクロートは考えている。

彼の主張の是非はともかく、二〇一五年一月七日に起こったシャルリ・エブド本社とユダヤ食料店の襲撃事件以来、「表現の自由」を金科玉条として国民的な一体感が演出され、異質な議論を戦わせる対話の可能性が失われてしまったことは事実であろう。一一月一三日の同時多発テロの三日後、フランソワ・オランド大統領（当時）はベルサイユ宮殿で開かれた上下両院合同会議で「フランスは戦争状態にある」と宣言したが、バディウとフィンケルクロート二人のあいだではすでに対話は閉ざされていた。だが、こうした社会のあらゆるところに刻まれた断裂の積み重ねこそが、テロをおびき寄せる可能性を与えるのではないだろうか。オランド大統領（当時）の演説と同日に「リベラシオン」紙に掲載された記事のなかで、エチエンヌ・バリバールは「西洋人」と「東洋人」が互いの立場に立って、「新たな普遍主義の言語を共同で作り上げなければならない」と述べているように、「戦争状態」を回避するには、対話を継続し、議論の場を共有し続けるしかないのではないか。

バディウは、フィンケルクロートが再び良識を取り戻すことを望むという言葉でフィンケルクロートへの公開書簡を締めくくっている。そうなれば、再び二人の激しい口論が交わされる日がくるのではないだろうか。

本書のタイトルを原題とは異なるものにしたのは、原書の出版から現在に至るまでの時代の変化や二人の断絶などを勘案してのことである。

最後に、出版にあたって水声社編集部の後藤亨真氏にご尽力いただいたことに、心から感謝の意を表したい。

二〇一八年三月

訳者

著者／訳者について――

アラン・バディウ（Alain Badiou）　一九三七年、モロッコのラバトに生まれる。哲学者。パリ第八大学、高等師範学校等で教鞭をとる。高等師範学校名誉教授。主な著者に、『哲学宣言』（黒田昭信、遠藤健太訳、藤原書店、二〇〇四年）、『サルコジとは誰か？』（榊原達哉訳、水声社、二〇〇九年）、『コミュニズムの仮説』（市川崇訳、水声社、二〇一三年）などがある。

アラン・フィンケルクロート（Alain Finkielkraut）　一九四九年、フランスのパリに生まれる。哲学者。理工科学校等で教鞭をとる。二〇一四年アカデミ・フランセーズ会員に選出。主な著書に、『思考の敗北あるいは文化のパラドクス』（西谷修訳、河出書房新社、一九八八年）、『愛の世紀』（磯本輝子＋中嶋公子訳、法政大学出版局、一九九五年）、『二〇世紀は人類の役に立ったのか』（川竹英克訳、凱風社、一九九九年）などがある。

＊

的場寿光（まとばとしみつ）　一九七七年、福岡県に生まれる。神戸大学大学院文化学研究科博士課程修了。博士（文学）。現在、島根大学特別嘱託講師。専攻、二〇世紀フランス文学。主な著書に、『ベルギーを〈視る〉』（共著、松籟社、二〇一六年）、主な訳書に、アルフォンソ・カリオラート、ジャン＝リュック・ナンシー『神の身振り』（共訳、水声社、二〇一三年）などがある。

杉浦順子（すぎうらよりこ）　一九七一年、愛知県に生まれる。ルーアン大学大学院博士課程修了。博士（文学）。現在、広島修道大学教授。専攻、二〇世紀前半フランス文学。主な訳書に、フィリップ・ソレルス『セリーヌ』（現代思潮社、二〇一一年）、『GRIHL 文学の使い方をめぐる日仏の対話』（共訳、吉田書店、二〇一七年）などがある。

装幀——宗利淳一

議論して何になるのか
——ナショナル・アイデンティティ、イスラエル、68年5月、コミュニズム

二〇一八年三月二〇日第一版第一刷印刷　二〇一八年四月五日第一版第一刷発行

著者——アラン・バディウ＋アラン・フィンケルクロート

訳者——的場寿光＋杉浦順子

発行者——鈴木宏

発行所——株式会社水声社

東京都文京区小石川二—七—五　郵便番号一一二—〇〇〇二

電話〇三—三八一八—六〇四〇　ＦＡＸ〇三—三八一八—二四三七

［**編集部**］横浜市港北区新吉田東一—七七—一七　郵便番号二二三—〇〇五八

電話〇四五—七一七—五三五六　ＦＡＸ〇四五—七一七—五三五七

郵便振替〇〇一八〇—四—六五四一〇〇

URL : http://www.suiseisha.net

印刷・製本——ディグ

ISBN978-4-8010-0333-0